Ich lerne lesen

... und richtig schreiben von Anfang an

Praxishinweise für Lehrer*innen

Inge Blatt
Christina Köpp
Barbara Streubel

Inge Blatt ist Professorin für Didaktik der deutschen Sprache und Literatur im Ruhestand. Sie hat am Fachbereich Erziehungswissenschaft der Universität Hamburg jahrelang Förderprojekte für Grundschulkinder zur Lese- und Schreibförderung durchgeführt. Bis 2016 leitete sie eine Studie zur Erfassung der Rechtschreibkompetenz im Rahmen des Nationalen Bildungspanels.

Dr. Christina Köpp ist Lehrerin an einer Hamburger Grundschule und darüber hinaus als Dozentin in der Lehrerbildung tätig. Sie hat im Rahmen einer Interventionsstudie zu Erwerb und Ausbau der Schriftkompetenz geforscht.

Barbara Streubel arbeitet als Klassenlehrerin an einer Hamburger Grundschule. Außerdem arbeitet sie am Institut für Germanistik (Schwerpunkt Sprachdidaktik) an der Universität Oldenburg.

Projektleitung: Claudia Passek
Projektleitung Cornelsen: Dorothee Weylandt / Chelsea Ledvinka, Berlin
Redaktion: Sibylle Krämer, Bayreuth
Illustration: Corina Beurenmeister, München; Kristina Klotz, München (Ölflasche, Überholverbotsschild)
Umschlaggestaltung: Corinna Babylon, Berlin
Umschlagillustrationen: Socken, Maus, Stern: Corina Beurenmeister, München;
zerknittertes Papier: Corinna Babylon, Berlin
Technische Umsetzung: krauß-verlagsservice, Ederheim/Hürnheim

www.cornelsen.de

2. Auflage 2020

© 2020 Cornelsen Verlag GmbH, Berlin

Ursprünglich als „Entdecke die Schrift" (9783637014329) beim Oldenbourg Verlag (2015) erschienen.

Druck: Esser printSolutions GmbH, Bretten

ISBN 978-3-589-16687-9

PEFC zertifiziert
Dieses Produkt stammt aus nachhaltig
bewirtschafteten Wäldern und kontrollierten
Quellen.
PEFC
PEFC/04-31-2851   www.pefc.de

Inhalt

Vorwort

Schreiben und Lesen sind zwei der wichtigsten Kulturtechniken. Die Grundlagen dazu werden in der Grundschule gelegt, sodass dem sprachlichen Anfangsunterricht eine entscheidende Rolle zukommt. Die Unterrichtsmaterialien „Ich lerne lesen ... und richtig schreiben von Anfang an" bieten einen ganzheitlichen Zugang zur Schrift, der auf spielerische Weise neue Erkenntnisse der Sprachwissenschaft kindgerecht umsetzt und nutzt. Dabei fördern die Materialien Kinder aus bildungsnahen und bildungsfernen Familien gleichermaßen. Die Unterrichtsmaterialien wurden bereits erfolgreich erprobt und eingesetzt.

Die Kinder erhalten von Anfang an Einblicke und Hilfen beim spielerischen Entdecken des Schriftsystems. Durch ritualisierte Lernprozesse und wiederkehrende Bausteine wird das selbstständige Arbeiten gefördert. Die Kinder erleben sich selbst als kompetente „Schriftkenner", was den Lernprozess motiviert und erleichtert. Offene Arbeitsformen wie Stationenlernen oder Freiarbeit sind mit dem Konzept optimal kombinierbar. Vielfältige Differenzierungsmöglichkeiten tragen den meist heterogen zusammengesetzten Klassen Rechnung.

Die Unterrichtsmaterialien umfassen zwei Arbeitshefte, je eines für jedes Schulhalbjahr der ersten Klasse (Ich lerne lesen, Arbeitsheft 1, ISBN 978-3-589-16688-6, Ich lerne lesen, Arbeitsheft 2, ISBN 978-3-589-16686-2), und ein begleitendes Lehrerhandbuch (Ich lerne lesen, Lehrerhandbuch, ISBN 978-3-589-16687-9). Im vorliegenden Lehrerhandbuch ist das zugrundeliegende Konzept „Entdecke die Schrift" leicht und verständlich erklärt. Es enthält eine kompakte Einführung zum sprachwissenschaftlichen Hintergrund, eine Schritt-für-Schritt-Anleitung zur Umsetzung des Schreiblehrgangs im Unterricht und die dazu nötigen Materialien als Kopiervorlagen. Die Kinder arbeiten mit den Arbeitsheften (Teil 1 und Teil 2), die alle Buchstaben im Laufe des ersten Schuljahres einführen. Jeder Buchstabe wird mit einer Buchstabengeschichte vorbereitet und in „Wörtern der Woche" thematisiert.

Mit diesen Unterrichtsmaterialien lernen Kinder nicht nur lesen und schreiben, sondern auch die Kompetenz, ihre Schreibungen zu begründen, und eine nachhaltige Lesefähigkeit. Dies hat auch positive Auswirkungen auf ihre kognitive Entwicklung insgesamt.

Wir wünschen Ihnen viel Freude dabei, Ihren Schülerinnen und Schülern den Weg zur Schrift zu bahnen.

Inge Blatt
Christina Köpp
Barbara Streubel

I   Unterrichtskonzept

> *In jeder Schriftkultur kommt das Lesenlernen einer Initiation gleich, einem ritualisierten Übergang vom Zustand der Unselbständigkeit und der beschränkten Verständigung zur Fähigkeit, mithilfe der Bücher am kollektiven Gedächtnis teilzuhaben und sich mit einer kulturellen Tradition vertraut zu machen, die sich mit jedem Leseakt weiter erschließt.*

Alberto Manguel: Eine Geschichte des Lesens. © 2005 Random House Mondadori, S. A., Barcelona. S. 143

1.   Kompetenzorientierter Schriftspracherwerb

Lesen und schreiben zu lernen, ist mehr als der Erwerb einer Technik. Lesen und schreiben zu können, eröffnet den Kindern eine selbstständige Teilhabe an der Welt der Schrift. Mit zunehmendem Lernfortschritt können sie handgeschriebene, gedruckte und digitale Schrifterzeugnisse lesen und sich selbst schriftlich ausdrücken und anderen mitteilen. Die Schriftkompetenz ist gleichzeitig die Voraussetzung für erfolgreiches Lernen. In diesem Sinne heben die von der Kultusministerkonferenz (KMK) festgelegten Bildungsstandards die „Entfaltung grundlegender Bildung" als zentrale Aufgabe der Grundschule hervor. Sie betonen, dass damit eine „Basis für weiterführendes Lernen und für die Fähigkeit zur selbstständigen Kulturaneignung" gelegt wird.

Die Sprache ist in diesem Bildungsprozess von zentraler Bedeutung, weshalb sie auch in den Bildungsstandards als Basiskompetenz ausgewiesen wird, wie in der folgenden Abbildung ersichtlich ist:

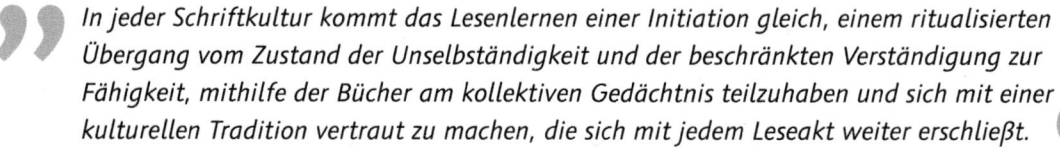

Sprechen und Zuhören	Schreiben	Lesen – mit Texten und Medien umgehen
Zu anderen sprechen	Über Schreibfertigkeiten verfügen	Über Lesefertigkeiten verfügen
Verstehend zuhören	Richtig schreiben	Über Leseerfahrungen verfügen
Gespräche führen	Texte planen	Texte erschließen
Über Lernen sprechen	Texte schreiben	Texte präsentieren
	Texte überarbeiten	

Methoden und Arbeitstechniken
Sie werden jeweils in Zusammenhang mit den Inhalten der Kompetenzbereiche erworben

Sprache und Sprachgebrauch untersuchen
Grundlegende sprachliche Strukturen und Begriffe kennen
Sprachliche Verständigung untersuchen
An Wörtern, Sätzen, Texten arbeiten
Gemeinsamkeiten und Unterschiede von Sprache entdecken

Quelle: Bildungsstandards im Fach Deutsch für den Primarbereich (Beschluss der KMK vom 15.10.2004)

Mit dem Erwerb der Schriftsprache bietet sich eine neue und herausragende Chance für die sprachliche Entwicklung. So verfügen Kinder bei der Einschulung durchschnittlich über einen *passiven* Wortschatz von 3000 Wörtern, der sich parallel zum Schriftspracherwerb in den ersten zwei bis drei Schuljahren auf 10000 mehr als verdreifacht (vgl. Eisenberg 2006, Bd. 1, S. 34). Kompetente erwachsene Sprecher verfügen im Durchschnitt über einen *passiven* Wortschatz von ca. 50000 und einen *aktiven* von ca. 10000 Wörtern.

Im Umkehrschluss bedeutet dies, dass solchen Kindern enorme Lernchancen genommen werden, die die Schriftsprache nicht erfolgreich erlernen. Nach Ergebnissen der Internationalen Grundschulstudie IGLU 2006 verfügen 13 Prozent der Viertklässler nur über die rudimentäre Lesefähigkeit, Wörter zu dekodieren und explizit angegebene Einzelinformationen in Textteilen zu identifizieren. Weitere 35 Prozent haben eine mittlere Lesefähigkeit und können relevante Einzelheiten und Informationen im Text auffinden und miteinander in Beziehung setzen (vgl. Bos et al. 2007). Da die PISA-Ergebnisse bei den Fünfzehnjährigen über 20 Prozent rudimentäre Leser ausweisen, ist anzunehmen, dass nicht alle Viertklässler mit einer mittleren Lesefähigkeit ihr Leseniveau halten können und daher auch den gestiegenen Leseanforderungen der Sekundarstufe nicht gewachsen sind (Artelt et al. 2001). Voll ausgebildet ist die Lesefähigkeit bei 52 Prozent der Viertklässlerinnen und Viertklässler. Dies beinhaltet, zentrale Handlungsabläufe aufzufinden und die Hauptgedanken eines Textes zu erfassen und zu erläutern. In dieser Gruppe erreichen aber nur elf Prozent das höchste Niveau, nämlich den Textinhalt zu abstrahieren, verallgemeinernde Schlüsse zu ziehen und den Text inhaltlich und sprachlich begründet zu beurteilen. Beachtenswert ist weiterhin, dass Kinder aus Familien aus niedrigeren Sozialschichten und/oder mit Migrationshintergrund in ihrer Lesekompetenz am Ende von Klasse 4 mehr als ein Schuljahr im Vergleich zu Kindern aus sozial höheren Schichten und/oder mit deutschsprachigen Eltern zurückliegen.

Ganzheitlicher Zugang zur Schrift – Schriftspracherwerb mit dem Bärenboot

Die Studien zeigen also, dass die Bildungsstandards im Hinblick auf die zentrale Lesekompetenz am Ende der Grundschulzeit nur bedingt erreicht werden. Studien zur Rechtschreibung und zum Textschreiben weisen in dieselbe Richtung (vgl. Löffler Meyer-Schepers 2005; Blatt et al. 2005). Vor diesem Hintergrund wurde mit dem Konzept „Ich lerne lesen … und richtig schreiben von Anfang an" ein neuer Zugang für den Schriftspracherwerb entwickelt und erprobt. Durch die sprachsystematische und schriftkulturelle Ausrichtung des Konzepts sollen bildungsferne und bildungsnahe Kinder gleichermaßen unterstützt werden. Es handelt sich um einen ganzheitlichen Zugang zur Schrift, der eine kognitive Herausforderung darstellt und den Einsatz emotionaler Kräfte wie Interesse, Vorstellungskraft und Empathie fördert. Dadurch soll auch die Anstrengungsbereitschaft für den oft mühsamen Weg zur Schrift geweckt werden. Weiterhin wird berücksichtigt, dass Kinder bei Schuleintritt noch weitgehend bildhaft denken und erst die für das Lesen- und Schreibenlernen nötige abstrakte Denkweise ausbilden müssen. Inwiefern die sogenannte phonologische Bewusstheit, also die Fähigkeit, gesprochene Sprache in Laute zu zergliedern, Voraussetzung oder Folge des Schriftspracherwerbs ist, ist in der Forschung umstritten (vgl. EU 1999). Nachgewiesen ist dagegen, dass sie besonders bei Kindern aus schriftfernen Familien beim Schuleintritt kaum ausgebildet ist. Dies wird im vorliegenden Konzept berücksichtigt. Darüber hinaus wird bedacht, dass in Klassen besonders erfolgreich gelernt werden kann, wenn sie zu lernenden Gemeinschaften werden.

Kompetenzaufbau im Lesen, Schreiben und Sprechen

Das vorliegende Konzept erfüllt die Anforderungen für einen kompetenzorientierten Unterricht. Dafür ist zentral, dass sich die Lernziele einzelner Stunden und Unterrichtseinheiten an den übergeordneten Zielen des Kompetenzaufbaus im Lesen, Schreiben und Sprechen und in der Entwicklung von Methoden und Arbeitstechniken orientieren. Dabei wird im Sinne der Bildungsstandards lernbereichsübergreifend gelernt. Die Methodenvermittlung soll zu selbstständigem Lernen befähigen.

Wie dieses Konzept für die Umsetzung in Klasse 1 strukturiert und in den Bildungsstandards verankert ist, zeigen die beiden folgenden Schaubilder. Dabei wird auch deutlich, dass die meisten der in Klasse 4 zu erreichenden Kompetenzen bereits in Klasse 1 angebahnt werden.

Die Schaubilder werden in Kapitel 2 und 3 fachlich und didaktisch-methodisch erläutert. In Teil II werden praktische Hinweise für die Umsetzung im Unterricht geliefert.

„Ich lerne lesen ... und richtig schreiben von Anfang an" – Überblick für Klasse 1

	Schriftsystem	Schriftkultur
Zugang zur Schrift	**Von der Anschauung zur Abstraktion**	**Vom Zuhören und Malen zum Lesen und Schreiben von Texten**
Inhalte und Lernwege	**Buchstabe:** ▶ Systematische Einführung (Reihenfolge, Bärengeschichten) ▶ Unterscheidung von Vokalen und Konsonanten ▶ Vielfältige Zugänge (Form, Farbe, Stationen ...) ▶ Regelmäßige Schreibübungen **Wort:** ▶ Kernbereich: Entdecken der Wortstruktur vom Zweisilber zum Einsilber und Transfer („Wörter der Woche") ▶ Randbereich: üben und merken ▶ Lesehilfe Silbenbögen	**Vorlesen durch die Lehrkraft:** ▶ Zuhören lernen, Literatur nahebringen und Texte verstehen ▶ Anschlusskommunikation anregen **Leises und lautes Lesen:** ▶ Lesen in Freiarbeit ▶ Geübtes Vorlesen vor der Klasse mit Rückmeldung **Texte schreiben:** ▶ Regelmäßige Wochenendgeschichten ▶ Vom Malen zum Schreiben von Wörtern und Sätzen ▶ Von der Aneinanderreihung von Ideen zur Verknüpfung und Strukturierung

„Ich lerne lesen ... und richtig schreiben von Anfang an" – Bezug zu den Bildungsstandards für Klasse 1

Lernbereiche	**Lernbereich Sprechen und Zuhören** ▶ Zu anderen sprechen: Anschlusskommunikation an das Vorlesen der Lehrkraft und Lerngespräche; Montagmorgenkreis ▶ Verstehend zuhören: z. B. Vorlesen durch die Lehrkraft ▶ Szenisch spielen: Bärengeschichten ▶ Über Lernen sprechen: Bestandteil aller Lernaktivitäten **Lernbereich Schreiben** ▶ Über Schreibfertigkeiten verfügen: regelmäßige Schreibübungen ▶ Richtig schreiben: systematisches Erlernen der Wortschreibung im Kern- und Randbereich der Wortschreibung („Wörter der Woche") ▶ Texte schreiben: Wochenendgeschichten **Lernbereich Lesen** ▶ Über Lesefähigkeiten verfügen: Lesehilfe Silbenbögen, leises und lautes Lesen ▶ Texte erschließen: Vorlesen durch die Lehrkraft; leises Lesen ▶ Texte präsentieren: lautes Vorlesen der Kinder **Sprache und Sprachgebrauch untersuchen** ▶ Grundlegende sprachliche Strukturen und Begriffe kennen: im Zusammenhang mit dem Schriftspracherwerb ▶ An Wörtern, Sätzen, Texten arbeiten: im Zusammenhang mit dem Entdecken der Wortstruktur und den Wochenendgeschichten ▶ Gemeinsamkeiten und Unterschiede von Sprache entdecken: im Zusammenhang mit der Untersuchung von gesprochener und geschriebener Sprache
Methoden und Arbeitstechniken	▶ Strategien zur Entdeckung der Silbenstruktur, der Herleitung einsilbiger Wörter und der Überprüfung von Wortschreibungen ▶ Methoden zum Erlesen von Wörtern ▶ Techniken zur zielgerichteten Erledigung von Arbeitsaufträgen ▶ Merkstrategien für Wortschreibungen im Randbereich

2. Fachlicher Hintergrund

2.1 Schriftsystem: Rechtschreibung als Lesehilfe

Die deutsche Rechtschreibung wird häufig als ein kaum durchschaubares System von Regeln und Ausnahmen betrachtet, weshalb sie in vielen Konzepten zum sprachlichen Anfangsunterricht ausgeklammert und erst ab Klasse 3 explizit zum Lerngegenstand wird. Dies hängt damit zusammen, dass die Schrift lange als Abbild der gesprochenen Sprache galt und aus dieser Perspektive viele Unregelmäßigkeiten enthält. Die neue Richtung der Schriftlichkeitsforschung oder Graphematik weist dagegen nach, dass das Schriftsystem ein eigenständiges System mit einem regelhaften Bezug zur gesprochenen Sprache ist und dass die Rechtschreibung eine Lesehilfe darstellt (Eisenberg/Fuhrhop 2007; Blatt/Müller 2010).

Nach dieser Forschung beruhen die Wortschreibungen im Kernbereich der Rechtschreibung, der ca. 90 Prozent des heimischen Wortschatzes umfasst, auf nur drei Prinzipien: dem phongraphischen, silbischen und morphologischen. Dazu kommt das wortübergreifende Prinzip, das die Großschreibung, die das/dass-Schreibung und die Setzung von Satzzeichen regelt. Davon abgetrennt ist der Randbereich der deutschen Rechtschreibung, zu dem das Dehnungs-h, die Vokalverdopplung, Ausnahmen und die Fremdwortschreibung gehören. Daneben gibt es noch die sogenannten kleinen Wörter, die sehr häufig vorkommen und nicht herleitbar sind, wie *und, der, die, das* etc.

Das phonographische Prinzip

Die Laut-Buchstaben-Zuordnung stellt das Grundprinzip jeder Alphabetschrift dar. In der folgenden Übersicht ist das Buchstabenrepertoire des deutschen Alphabets zusammengestellt (Vokale kursiv):

a	b	c	d	*e*	f	g	h	*i*	j	k	l	m
ä		ch		*ei*				*ie*				
au		ck		*eu*								
äu												
ai												

n	*o*	p	qu	r	s	t	*u*	v	w	x	*y, y*	z
ng	*ö*	pf			sch	tz	*ü*					
					ß							

Das deutsche Alphabet wurde aus dem Lateinischen übernommen. Da es weniger Buchstaben als Laute hat, besteht keine 1:1-Zuordnung von Laut und Buchstabe. Mehrfachzuordnungen gibt es vor allem bei den Vokalen, wobei einem Vokal bis zu drei Lautwerte zugeordnet werden können. So werden beispielsweise sowohl das lange und kurze /e/ (**E**sel, **E**nte) als auch der sogenannte Schwalaut, d. h. das „gehauchte" bzw. oft „verschluckte" /e/ in der unbetonten Silbe, mit dem Buchstaben <e> verschriftlicht (Es**e**l, Ent**e**).

Eine Besonderheit des deutschen Alphabets sind neben dem <ß>, das nur als Kleinbuchstabe vorkommt, die Mehrgraphen <pf, ck, tz, ng, ch, sch>, die gebildet wurden, um typische Laute der deutschen Sprache verschriften zu können.

Das silbische Prinzip

Das silbische Prinzip ist zentral für das deutsche Schriftsystem. Eine Silbe besteht aus Anfangsrand, Kern und Endrand. Der Kern ist stets ein Vokalbuchstabe und obligatorisch. Anfangs- und Endrand bestehen aus bis zu vier Konsonantenbuchstaben (KB), können aber auch ganz wegfallen.
Beispiele:
Ei: nur Silbenkern
bei: Silbenkern + Anfangsrand (1 KB)
Bein: Silbenkern + Anfangsrand (1 KB) + Endrand (1 KB)
Brei: Silbenkern + Anfangsrand (2 KB)
Streit: Silbenkern + Anfangsrand (2 KB) + Endrand (1 KB)
Schwein: Silbenkern + Anfangsrand (4 KB) + Endrand (1 KB)

Feind: Silbenkern + Anfangsrand (1 KB) + Endrand (2 KB)
einst: Silbenkern + Endrand (3 KB)
ernst: Silbenkern + Endrand (4 KB)

Für den deutschen Wortschatz prototypisch ist aber nicht der Einsilber, sondern der Zweisilber mit einer betonten und unbetonten Silbe wie *leben* und *Ente*. Darüber hinaus lassen sich auch die meisten einsilbigen Wörter in Zweisilber überführen wie *klein – kleine* und *Hund – Hunde*.

Bei den Zweisilbern ist vor allem die erste, betonte Silbe von Interesse, denn die Beschaffenheit der ersten Silbe entscheidet über die Aussprache des Wortes.

	unmarkiert	markiert
offen	Feder	Liebe
geschlossen	Mantel	fallen

Quelle: Gabriele Hinney, 2004

Bei der Untersuchung des Zweisilbers muss zunächst der Silbenschnitt bestimmt werden, der zwischen der ersten, betonten und der zweiten, unbetonten Silbe liegt, beispielsweise:

Fe‑der   Man‑tel

Silbenschnitt

Die Vokallänge in der ersten, betonten Silbe hängt davon ab, ob die Silbe offen oder geschlossen ist. Die Silbe ist offen, wenn sie keinen Endrand hat, d.h. wenn sie auf den vokalischen Silbenkern endet wie in den Beispielen *Fe-der* und *Lie-be*. Die Silbe ist geschlossen, wenn sie einen konsonantischen Endrand hat wie in den Beispielen *Ma**n**-tel* und *fal-len*. Vokale in offenen Silben werden lang gesprochen (*F**e**der*) und in geschlossenen Silben kurz (*M**a**ntel*). Der Silbenschnitt bestimmt also die Vokallänge, die nur in zwei Fällen regelhaft markiert wird: Das lange /i:/ wird mit <ie> markiert und die Vokalkürze mit der Verdopplung des Konsonantenbuchstabens (*fa**ll**en*).

Im zweiten Fall liegt ein sogenanntes Silbengelenk vor, d.h., dass im Silbenschnitt ein Konsonant auftritt, der zu beiden Silben gehört.

fal‑len

Silbengelenk

Die Verdopplung des Konsonantenbuchstabens hat die Funktion, die erste Silbe zu schließen und damit eine Vokalkürze anzuzeigen, da andernfalls eine offene Silbe mit einem lang auszusprechenden Vokal vorläge, also z.B. **fa-len*[1]. Zwischen der Aussprache von unmarkierten und markierten geschlossenen Silben gibt es jedoch keinen Unterschied: das <a> in *Mantel* wird genauso kurz ausgesprochen wie in *fallen*. In den meisten Rechtschreibmaterialien wird den Schülern dagegen suggeriert, dass nur die Konsonantenbuchstabenverdopplung den Vokal kurz mache.

Die zweite, unbetonte Silbe hat folgende Besonderheiten: In der Regel bildet das <e> den Silbenkern. Der Silbenendrand kann entfallen wie in *Liebe* und das <e> wird dann als gehauchtes /e/ ausgesprochen. Die häufigsten Endränder sind <n, l, und r>. In diesen Fällen wird das <e> beinahe verschluckt bzw. mit dem <r> zusammen wie ein /a/ ausgesprochen.

Die Silbenanfangsränder der zweiten, unbetonten Silbe bestehen in der Regel aus einem Konsonantenbuchstaben (Fe**d**er, Lie**b**e, Ma**nt**el). Eine Besonderheit ist das sogenannte silbentrennende <h>, das dann gesetzt wird, wenn ansonsten zwei Silbenkerne aufeinandertreffen würden wie in *Ruhe* und *gehen*.

Ru‑**h**e

silbentrennendes <h>

Es verdeutlicht den Silbenschnitt optisch, wird aber nicht ausgesprochen. Wenn der Silbenkern ein Diphthong ist, entfällt das silbentrennende <h> meistens wie in *bauen* und *schneien*. Das silbentrennende <h> wird – oft sogar in Lehrwerken – mit dem sogenannten Dehnungs-h gleichgesetzt. Dieses gehört allerdings zum Randbereich der Rechtschreibung und wird weiter unten erläutert.

Der Anfangsrand der ersten, betonten Silbe kann mit bis zu vier Konsonantenbuchstaben gebildet werden, deren Kombinationsmöglichkeiten (mit Ausnahme von Lehn- und Fremdwörtern) in der folgenden Übersicht zusammengestellt sind:

---

[1] bezeichnet die falsche Schreibweise

Wortränder am Anfang

b	c	d	f	g	h	j	k	l	m	n	p
bl	ch	dr	fl	gl			kl				pl
br	chr		fr	gn			kn				pr
				gr			kr				

pf	qu	r	s	sch	sp	st	t	v	w	x	y	z
pfl				schl	spl	str	tr		wr			zw
pfr				schm	spr							
				schn								
				schr								
				schw								

Die Abweichung der Schreibung von der Aussprache bei den Anfangsrändern <st> und <sp> liegt an der Begrenzung der Anfangsränder auf vier Buchstaben. Wörter wie *streiten* oder *springen* müssten ansonsten mit fünf Buchstaben am Wortanfang geschrieben werden und zwar *schtreiten* und *schpringen*. Die Begrenzung hat den Zweck, das Lesen zu erleichtern, da zusammengehörende Einheiten auf einen Blick erfasst werden sollen. Die Rechtschreibung hat sich also als Lesehilfe entwickelt und verlangt notfalls dem Schreiber höhere Anstrengungen ab.

Das morphologische Prinzip

Das morphologische Prinzip dient ebenfalls dem Leser. Es besagt, dass die Schreibweise von Wortstämmen konstant bleibt, auch wenn sich die Aussprache ändert, wie z. B. bei *Hund – Hunde* oder wenn die Aussprache auch eine andere Schreibweise zuließe wie z. B. *Heuser – Häuser*. Dadurch kann der Leser den Wortsinn aus der Schreibung entnehmen. Die Stammschreibweise bezieht sich auf die Auslautverhärtung, die Umlautschreibung und die Vererbung von besonderen Schreibungen (Silbengelenke, silbentrennendes <h>, Längenmarkierung).

a) Die Auslautverhärtung ist typisch für die deutsche Sprache. Damit ist gemeint, dass die Geräuschkonsonanten /b, d, g, s/ am Ende einer Silbe, also im Auslaut und damit auch am Ende eines Wortes, ihre Stimmhaftigkeit verlieren und stimmlos /p, t, g, ß/ ausgesprochen werden. Dies wird aber in der Schreibung nicht realisiert, um die Wortverwandtschaft an der Schreibweise zu erkennen wie in den Beispielen *Korb – Körbe, Hund – Hunde, Berg – Berge, Haus – Häuser*.

b) Bei der Umlautschreibung wird die Wortverwandtschaft durch den Umlaut gekennzeichnet. Beispiele dafür sind: *Hase – Häschen, Korb – Körbe, Kuh – Kühe, Haus – Häuser*. Phonographisch wären auch die Schreibweisen *Heschen und *Heuser möglich. Dabei könnte die Bedeutung aber nur über den Umweg der Aussprache erkannt werden.

c) Silbengelenkschreibungen müssten aus phonographischen Gründen nicht vererbt werden. Der Vokal in dem Wort *komt würde analog zu dem Wort *Amt* ebenso kurz ausgesprochen werden wie in der morphologisch korrekten Schreibweise *kommt*. Ähnlich verhält es sich mit dem silbentrennenden <h>, das in Wortformen wie *ruht* oder *Kuh* nicht nötig wäre, um den Silbenschnitt zu bezeichnen. Es bleibt aber als Verstehenshilfe erhalten.

d) Bei Längenmarkierungen wie dem <ie>, dem Dehnungs-h und Vokalbuchstabenverdopplungen ist die Vererbung dagegen sinnvoll, da sie in einsilbigen Wörtern einen Hinweis auf die Vokallänge liefert wie in den Beispielen *liebt, fährt* und *Boot*. Das Dehnungs-h und die Vokalverdopplung gehören zum Randbereich der deutschen Rechtschreibung. Während es für das Dehnungs-h Annäherungsregeln gibt, unterliegt die Vokalverdopplung (Boot, Beere) keinen Gesetzmäßigkeiten und kommt zudem nur selten vor.

Das Dehnungs-h wird nur dann gesetzt, wenn die folgende Silbe mit <l, m, n, r> beginnt. Diese Buchstaben kommen sehr häufig in komplexen Endrändern vor wie in *Qualm* und *Kern* und werden somit mit Vokalkürze assoziiert. Daher wird die Vokallänge mit einem vorangestellten <h> gekennzeichnet (Huhn). Dies trifft aber nur auf ca. die Hälfte der möglichen Fälle zu. Die folgende Tabelle zeigt, in welchen Fällen das Dehnungs-h auch vor <l, m, n, r> nicht gesetzt wird, wozu es wiederum einige Ausnahmen gibt, die als Merkwörter zusammengestellt sind:

Merkregeln: Wörter mit und ohne Dehnungs-h	
Wenn Dehnungs-h, dann nur vor l, m, n, r	fahren, nehmen, wohnen, Ohr, gähnen, Uhr, Huhn, Höhle, Mühle, Fahne, Sahne
Nicht bei Wörtern mit t und mehreren Konsonanten am Anfang mit Ausnahme der Merkwörter	Tal, Tor, Tränen, Ton, klar, Krone, Kran, Spule, Spur, sparen, schwer, Schwan, Plan, Schule, Qual, Strom, Star, stur
Merkwörter mit Dehnungs-h	
Strahl, Stuhl, Stahl, stehlen, Strähne, stöhnen, Pfahl, empfehlen, prahlen, dröhnen	

Wörter mit Vokalbuchstabenverdopplung als Längenmarkierung sind Merkwörter, z.B. *Aal, Saal, Schnee, Tee, See, Boot* und *Moor*.

Sie gehören ebenso wie das Dehnungs-h zum Randbereich der Rechtschreibung. Sie werden in Klasse 1 nur thematisiert, wenn die Kinder beim Lesen darauf stoßen.

Das wortübergreifende Prinzip und die Großschreibung

Das wortübergreifende Prinzip spielt in Klasse 1 noch keine eigenständige Rolle. Es regelt die Großschreibung, die das/dass-Schreibung und die Zeichensetzung.

Die Großschreibung kann wortartenbezogen bestimmt werden: Nomen und Substantivierungen schreibt man groß. Da die Großschreibung trotz dieser einfach erscheinenden Regel eine hohe Fehlerquelle darstellt, gewinnt die syntaktische Regelung der Großschreibung in der Rechtschreibdidaktik zunehmend an Bedeutung. Sie besagt, dass der Kern einer Nominalgruppe großgeschrieben wird. Der Kern ist jeweils der „rechte Rand" einer Nominalphrase, wie in dem folgenden Beispiel: Der kleine Junge/ verfolgt/ mit großen Schritten/einen Hund.

2.2 Schriftkultur

Die Entwicklung einer Schriftkultur ändert Gesellschaften, die vorher nur eine mündliche Verständigung und Überlieferung kannten. Durch Schrift wird Literatur und Sachwissen zeit- und ortsunabhängig zugängig. Die schriftliche Fixierung von Gedanken begünstigt die Herausbildung eines kritisch-logischen Denkens, da nicht mehr so viel Gedächtniskapazität für das Memorieren benötigt wird. Weiterhin bilden sich komplexere literarische Formen heraus. Zudem entwickelt sich eine Schriftsprache, deren Wortschatz und Grammatik vielschichtiger sind als in der gesprochenen Sprache, da die schriftliche Verständigung nur mit sprachlichen Mitteln bewerkstelligt werden muss und nicht durch Gestik und Mimik unterstützt werden kann.

Die Schrift muss erlernt werden, weshalb sich in allen schriftkulturellen Gesellschaften ein öffentliches Bildungssystem etablierte. Schon in den 1960er-Jahren zeigten internationale Forschungen, dass sich vielfach eine Kluft auftut zwischen der schriftlichen Tradition der Schule und der mündlichen Sprachtradition in schriftfernen Familien. Die aktuelle Lesesozialisations- und Lesemotivationsforschung weist nach, dass die unterschiedlichen literarischen Erfahrungen, mit denen Kinder in die Schule kommen, einen großen Einfluss auf den Erwerb der Lesekompetenz haben. Kinder aus einem schriftnahen Elternhaus, denen viel vorgelesen und mit denen über das Vorgelesene gesprochen wird, lernen leichter und besser lesen als ihre Klassenkameraden ohne diese Vorerfahrungen.

Begeisterung für Lesen und Schreiben wecken

Im Idealfall knüpft der sprachliche Anfangsunterricht an solche familiär bedingten positiven Lernvoraussetzungen an. In Klassen mit wenig bzw. fehlenden literarischen Vorerfahrungen hat der Unterricht dagegen die Aufgabe, dafür einen Ausgleich zu schaffen. Es kommt dabei darauf an, dass die Kinder nicht nur die Lesetechnik erwerben, sondern ein sogenanntes „Reading Engagement" entwickeln. Darunter ist zu verstehen, dass Interesse und Freude am Lesen geweckt, ein positives

Selbstbild als Leser aufgebaut und eine Anstrengungsbereitschaft für das Lesenlernen entwickelt werden. Darüber hinaus ist der Austausch über das Gelesene, die sogenannte Anschlusskommunikation (Hurrelmann 2004), wichtig. Studien haben ergeben, dass das „Reading Engagement" einen wesentlichen Einfluss auf die Leseleistung hat und bildungsbenachteiligende Faktoren ausgleichen kann. So weisen Kinder aus bildungsfernen Familien mit einem hohen „Reading Engagement" durchschnittlich eine höhere Leseleistung auf als Kinder aus bildungsnahen Haushalten mit einem niedrigen „Reading Engagement" (Goy et al. 2009).

Beim Erwerb einer Textproduktionskompetenz sind Kinder aus schriftnahen Familien ebenfalls im Vorteil.

Sie sind mit Briefen, Urlaubskarten und Einkaufszetteln aufgewachsen und konnten ihre Eltern beim Schreiben mit der Hand bzw. mit dem Computer beobachten. Sie wissen um die Funktionen der Schrift und haben erfahren, dass schriftliche Grüße Freude bereiten und Schreiben sinnvoll und nützlich ist. Solche Erfahrungen fehlen anderen Kindern. Es kommt aber beim Textschreiben wie beim Lesen darauf an, dass nicht nur das Formale gelernt wird, sondern der Sinn dahinter erfahren wird, um Motivation und Anstrengungsbereitschaft zu wecken. Auch für das Schreiben muss ein „Engagement" entwickelt werden. Daher ist es wichtig, die Kinder schon in Klasse 1 an das Schreiben von Texten heranzuführen und dafür einen geeigneten Kontext zu schaffen.

3. Lernen mit dem Bärenboot: Didaktisch-methodischer Hintergrund

3.1 Sprachsystematisches Lernen im Kernbereich der Wortschreibung

Die Buchstaben werden im vorliegenden Konzept mithilfe eines Buchstabenbootes, jeweils unterstützt durch eine Buchstabengeschichte, eingeführt (▷ S. 25). Das Buchstabenboot steht im dazugehörigen Arbeitsheft als Buchstabentabelle für jedes Kind zur Verfügung. Es empfiehlt sich auch, eine vergrößerte Farbkopie davon als Poster im Klassenraum für alle gut sichtbar anzubringen.

Die Buchstaben werden in einer systematischen Reihenfolge nach zwei Kriterien eingeführt. Zum einen werden zuerst Buchstaben ausgewählt, mit denen sich sinnvolle Wörter bilden lassen. Dadurch erfahren die Kinder Buchstaben von Anfang an in ihrer Funktion als Wortbausteine. Zum anderen werden die weniger gebräuchlichen Buchstaben zum Schluss eingeführt.

In Verbindung mit dem Erlernen der Buchstaben werden die Kinder an das selbst entdeckende Lesen- und Schreibenlernen herangeführt. Zentral für das Konzept ist das Bärenboot.

Buchstabenboot

Bärenboot

Es wurde gewählt, weil Bären die Kinder emotional ansprechen und weil die Struktur des Zweisilbers mit dem Boot gut veranschaulicht werden kann. Auf jeder Seite des Mastes ist Platz für drei Bären, die die Bestandteile einer Silbe repräsentieren: den konsonantischen Anfangs- und Endrand und den vokalischen Kern. Die Bären, die für die Vokalbuchstaben stehen, sind rot angezogen, die Bären, die für die Konsonantenbuchstaben stehen, blau. Damit wird die Funktion der Vokale und Konsonanten optisch verdeutlicht. Ergänzt wird das Bärenboot durch Buchstaben zum Um-

hängen für die Bären und das Buchstabenboot. Auch hier sind die Vokalbuchstaben rot und die Konsonantenbuchstaben blau gefärbt. Durch die Veranschaulichung der Silbenstruktur mit dem Bärenboot führt der Lernweg der Kinder von der konkreten Handlung zur abstrakten Denkleistung.

Lernweg der Kinder vom Konkreten zum Abstrakten mithilfe des Bärenbootes:

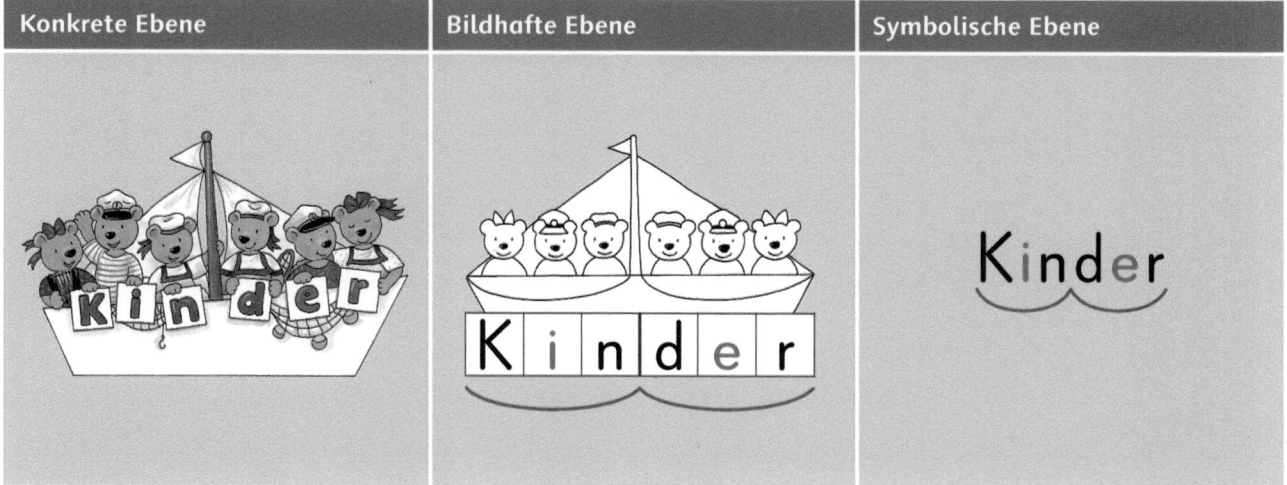

| Konkrete Ebene | Bildhafte Ebene | Symbolische Ebene |

Konkrete Ebene

Das Bärenboot steht, mit sechs Bären besetzt, im Klassenzimmer. Das Boot kann ganz einfach selbst hergestellt werden: In Geschäften rund um's Bad werden z. B. auch Badezimmerregale verkauft, die die Form eines Bootes haben und mit wenig Aufwand als „Bärenboot" umgebaut werden können. Alternativ können das Boot und die Bären in Spielzeugläden erworben werden, wobei die rote und blaue Kleidung auch selbst genäht bzw. gestrickt werden kann.

Die Lehrkraft führt das Boot in der Klasse ein. Sie stellt die sechs einzelnen Bären und ihre Funktionen dar: Musikantin, Kapitän, Matrose, Matrose, Kapitänsfrau, Matrosin. Die Kinder können sich Namen ausdenken und die Bären benennen. Im vorliegenden Lehrer- und Arbeitsheft werden die Namen aus Klassen übernommen, in denen das Konzept bislang zum Einsatz kam (▷ siehe unten).

Nachdem die ersten Buchstaben, mit denen ein zweisilbiges Wort gebildet werden kann, eingeführt wurden, kommt das Boot zum Einsatz. Über die konkrete Handlung, den Bären Buchstaben umzuhängen, erkunden die Kinder die Silbenstruktur von Wörtern. Wörter mit unterschiedlicher Silbenstruktur führen im Laufe des Schuljahres vor Augen, dass der Vokalbär (rot) stets dabei sein muss, nicht aber die Konsonantenbären (blau). Weiterhin kann der Vokalbär auch

zwei Buchstaben tragen, wie <ie> und <ei>, und der erste Bär sogar bis zu vier Konsonantenbuchstaben.

Die Vokalbären sind daher der Kapitän und die Kapitänsfrau. Die Bären, die bei einem Wort nicht „dabei" sind, haben gerade Urlaub. Sie nehmen neben dem Bärenboot Platz, z. B. in einem Liegestuhl. Ist der Endrand der ersten, betonten Silbe unbesetzt, so muss der Kapitän länger arbeiten und der Vokal wird daher lang gesprochen. Entsprechend verhält es sich beim Kurzvokal, bei dem der Endrandbär in der ersten, betonten Silbe mitarbeitet. Eine Besonderheit stellen die Mehrtgraphen <ck>, <tz>, <ng>, <pf>, <ch> und <sch> als Silbengelenke dar. Sie werden analog zu den Trennregeln durch die Silbenbögen markiert. <ck>, <ch> und <sch> bilden daher den Anfangsrand der zweiten Silbe. Da es sich um zwei bis drei Buchstaben handelt, muss auch der Endrandbär der ersten Silbe (Max) mitarbeiten. Weiterhin wird augenfällig, dass der Vokalbär in der zweiten, unbetonten Silbe, meist den Vokal <e> trägt.

In den Buchstabengeschichten in Teil III (▷ S. 25) wird die Arbeit mit den Bären und dem Bärenboot Schritt für Schritt angeleitet.

Musikantin	Kapitän	Matrose Max	–	Matrose Paul	Kapitänsfrau	Matrosin Maxi
Konsonantenbär	Vokalbär	Konsonantenbär	–	Konsonantenbär	Vokalbär	Konsonantenbär
M	a			m	a	
	O			m	a	
m	a			l	e	n
T	ie			r	e	
	Ei			m	e	r
	Ei				e	r
Sch	u			h	e	
	E	l		t	e	rn
schl	ie			ß	e	n
f	a	l		t	e	n
f	a	l		l	e	n

Bildhafte Ebene

Von der konkreten Handlungsebene wird dieses Vorgehen auf eine bildhafte Ebene übertragen. Jeder Buchstabe eines Wortes wird der Abbildung des prototypischen Zweisilbers im Bärenboot zugeordnet. Die Bären, die bei den Wörtern einen Buchstaben tragen, werden eingekreist, z.B. bei Oma der Kapitän, Paul und die Kapitänsfrau:

Offene Silbe

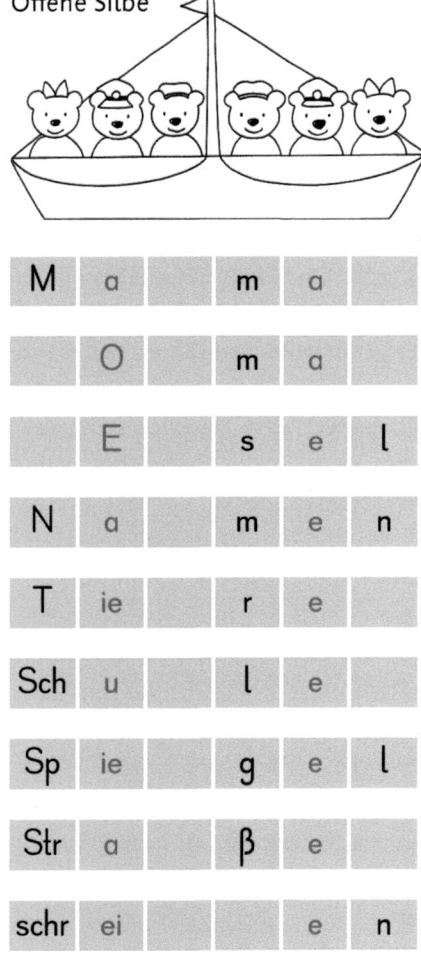

Geschlossene Silbe

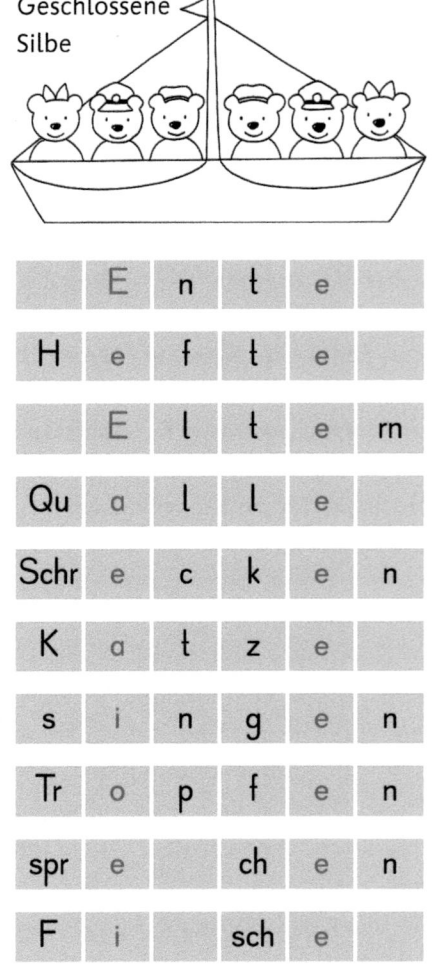

Offene Silbe						Geschlossene Silbe				
M	a	m	a				E	n	t	e
	O	m	a				H	e	f	t	e
	E	s	e	l			E	l	t	e	rn
N	a	m	e	n			Qu	a	l	l	e
T	ie	r	e				Schr	e	c	k	e	n
Sch	u	l	e				K	a	t	z	e
Sp	ie	g	e	l			s	i	n	g	e	n
Str	a	ß	e				Tr	o	p	f	e	n
schr	ei	e	n				spr	e	ch	e	n
							F	i	sch	e

Symbolische Ebene

Im Anschluss daran wenden die Kinder auf der symbolischen Ebene die entdeckten Strukturen an, indem sie die Wörter zur Analyse mit Silbenbögen unterlegen und schließlich selbst in Rot und Blau schreiben. Dazu arbeiten sie in ihrem Arbeitsheft.

Nach der Arbeit mit unmarkierten, betonten Silben, die als Kern ein <a>, <e>, <o> oder <u> beinhalten, wird das <ie> als Regelfall des Langvokals eingeführt. Anschaulich kann das <ie> durch die Geschichte gemacht werden, mit der es eingeführt wird (vgl. Themengeschichten „langes ie", ▷ S. 49). Die wenigen Ausnahmen von Wörtern mit <ie> als Kern einer offenen Silbe, wie *Tiger* und *Igel*, werden als Merkwörter gelernt.

Schriftanalyse statt Lautanalyse

Durch die Schriftanalyse auf den drei Ebenen wird bei den Kindern die phonologische Bewusstheit angebahnt bzw. erweitert. Aufgrund der Anschauung ist es den Kindern in einem ersten Schritt möglich, den Unterschied zwischen Lang- und Kurzvokal optisch zu erkennen. In einem zweiten Schritt lernen sie auf dieser Grundlage die unterschiedliche Aussprache von offenen und geschlossenen Silben der Vokallänge bzw. -kürze zuzuordnen, wie die beiden Beispiele aus dem Arbeitsheft zeigen. Die beteiligten Bären werden jeweils eingekreist.

m	a	l	e	n
f	a	l	t	e	n

Darin unterscheidet sich das hier vorgestellte Konzept zum Schriftspracherwerb von den bisher üblichen, bei denen die Lautanalyse die Voraussetzung für den Schriftspracherwerb bildet. Daran scheitern aber die Kinder, die die dazu nötige phonologische Bewusstheit nicht mitbringen. Das erschwert ihnen im herkömmlichen Unterricht nicht nur das Schreibenlernen, sondern auch das Lesenlernen. Um die Lautgestalt eines Wortes richtig zu dekodieren, müssen die Kinder Lang- und Kurzvokale und betonte und unbetonte Sil-

ben richtig aussprechen. Ansonsten können sie die Bedeutung des Gelesenen nicht erfassen, da diese beim alphabetischen Anfangslesen der Lautgestalt entnommen wird. Während sie die Lautgestalt [maːlən] zum Wortsinn führt, wird die Sinnerfassung durch Aussprachen wie [maleːn], [mal] [leːn] oder [maːl] [eːn] zumindest behindert.

Die Einführung der Silbengelenkschreibung erfolgt erst dann, wenn die Kinder die Unterscheidung zwischen Lang- und Kurzvokal bewerkstelligen, d.h., wenn sie z.B. den Unterschied bei der Aussprache des Silbenkerns <a> in den Wörtern *Tafel* und *Tante* heraushören. Dies wird durch Lese- und Rechtschreibtests kontrolliert. In diesem Fall können die Kinder durch Transferbildung selbst herausfinden, dass *Tanne* mit Doppel-n geschrieben werden muss, da das <a> in *Tanne* wie in *Tante* und nicht wie in *Tafel* klingt. Deshalb muss das <n> verdoppelt werden, da der Kapitän ansonsten lang arbeiten müsste. Es hieße dann [taː nə]. Dass die Kinder, die nach dem Konzept unterrichtet wurden, dazu in der Lage sind, hat sich bestätigt.

Wenn die Kinder in der Analyse der prototypischen Zweisilber, der sogenannten „Bärenwörter", sicher sind, lernen sie die Strategie kennen, Umlaute herzuleiten, wie z.B. *Wälder* von *Wald*. Bei der Einführung der Buchstaben <s> und <β> stellt die Unterscheidung des stimmhaften und stimmlosen Lautes eine besondere Herausforderung dar. Sie ist jedoch die Voraussetzung dafür, <s> bzw. <β> nach Langvokalen richtig zu schreiben. Die Kinder werden angeleitet zu erkennen, dass das /s/ in *Los* und *Fuß* gleich klingt, aber nicht in *Lo-se* und *Fü-ße*. Im ersten Fall handelt es sich um ein stimmhaftes „Bienen-s" und im zweiten Fall um eine scharfes „Schlangen-s".

Die Großschreibung wird dadurch angebahnt, dass Nomen stets mit dem Artikel präsentiert werden. Dies hat für Kinder mit Migrationshintergrund zudem den Vorteil, dass sie das Genus von Nomen dabei lernen können, da ihnen gerade Artikel besondere Schwierigkeiten bereiten.

Durch das entdeckende Lernen, das auf verlässlichen Strategien basiert, bildet sich ein metasprachliches Bewusstsein bei den Kindern aus. Sie können Operationen nicht nur vollziehen und Wörter richtig schreiben, sondern diese auch verstehen und begründen und Wortschreibungen selbstständig korrigieren.

3.2   Schriftkulturelles Lernen: Textschreiben und Lesen

Der systematische Weg zur Schrift beim Lernen mit dem Bärenboot wird von Anfang an mit schriftkulturellen Tätigkeiten verbunden. Schon in Klasse 1 ist das Schreiben sogenannter Wochenendgeschichten fester Bestandteil des Unterrichts. Die Kinder erhalten die Aufgabe, Ereignisse vom Wochenende aufzuschreiben. Je nach den Vorerfahrungen der Kinder, kann es sich zunächst auch nur um Bilder handeln, zu denen einzelne Wörter oder Sätze hinzukommen, bis ein erster kleiner Text entsteht. Dazu können die Kinder ein Geschichtenheft anlegen und selbst gestalten.

Richtig schreiben lernen

Da die Kinder beliebige Ereignisse und Erlebnisse aufschreiben können, ist es allen möglich, zur Schreibaufgabe passende Inhalte zu finden. Auf die psychomotorischen Anforderungen beim Textschreiben werden die Kinder durch die täglichen Schreibzeiten für die neu eingeführten Buchstaben und die „Wörter der Woche" vorbereitet. Weiterhin können sie ihre im sprachsystematischen Unterricht erworbenen Kenntnisse beim Schreiben anwenden bzw. auf neue Wörter transferieren, die sie sich mithilfe des Buchstabenbootes erarbeiten. Die „kleinen Wörter" bzw. Merkwörter wie *der, die, das, dann, wenn, und, ist, sind* etc. erlernen die Kinder beim Textschreiben, indem die Lehrkraft jeweils drei auswählt, die dreimal geschrieben werden müssen. So prägen sich die Kinder deren Schreibweise ein. In gleicher Weise wird mit häufig verwendeten Formulierungen verfahren wie „Zähne geputzt" oder den „Cousin" besucht. Beim Textschreiben werden die Wörter auch hinsichtlich der Großschreibung verbessert. Auf diese Weise lernen die Kinder von Anfang an, dass es beim Textschreiben auch darauf ankommt, richtig zu schreiben, damit sie und andere die Texte lesen können. Richtig geschriebene Texte sollten also ein Lernziel sein, das behutsam Stück für Stück erreicht werden soll. Die Verbesserung der Schülertexte erfolgt individuell, wobei darauf zu achten ist, dass die Schreibfreude der Kinder nicht beeinträchtigt wird.

Textmerkmale erkennen

Um das Textschreiben voranzubringen, wird mit den Kindern Schritt für Schritt erarbeitet, was einen guten Text ausmacht. Beim Vorlesen von Texten können die Kinder herausfinden, was sie besonders anspricht, und im anschließenden Gespräch ihre Eindrücke austauschen. Dabei sollen die Kategorien Inhalt, Aufbau und Sprache betrachtet werden:

→ Welche Inhalte sind für den Leser interessant? Wird alles Wichtige erzählt, damit es der Leser auch verstehen kann?

→ Ist die Reihenfolge des Erzählten nachvollziehbar oder gibt es Sprünge oder Brüche?

→ Werden abwechslungsreiche Wörter benutzt und nicht immer nur *dann* und *und*? Ist der Wortschatz dem Thema angemessen?

Mit solchen Gesprächen wird der Grundstein dafür gelegt, dass die Kinder Texte mit den Augen eines Lesers und mit selbstkritischen Augen zu lesen lernen. Damit werden sie Schritt für Schritt in die Lage versetzt, ihren Mitschülern eine qualifizierte Rückmeldung zu geben und ihre eigenen Texte effizient zu überarbeiten. Im Laufe der Grundschulzeit kommen in den drei Kategorien Inhalt, Aufbau und Sprache weitere Aspekte hinzu, die eine leserbezogene und textgestaltende Schreibkompetenz ausmachen.

Zudem können auch schon in Klasse 1 weitere Schreibaufgaben eingesetzt werden.

Lesekompetenz anbahnen und steigern

Neben dem Textschreiben haben auch das Vorlesen und Selberlesen von Anfang an einen festen Platz im Unterricht. Die Ausgestaltung hängt sehr von den Vorerfahrungen der Kinder ab. Lesesozialisierte Kinder genießen in der Regel das Vorlesen, sind an literarischen Gesprächen interessiert und beteiligen sich daran. Kinder mit fehlender Lesesozialisation müssen dagegen erst an Vorlesesituationen herangeführt werden. Das kann z. B. dadurch geschehen, dass sie Bilder zu Inhalten des vorgelesenen Textes malen, die ihnen wichtig erscheinen, und die Bilder der Klasse vorstellen und erklären. Das regt sie an, auf Lustiges oder Trauriges zu reagieren und sich zum Vorgelesenen zu äußern. Weiterhin können passende Methoden aus dem produktions- und handlungsorientierten Literaturunterricht dafür genutzt werden, wie Szenen nachzuspielen, Figuren zu modellieren oder ihnen Ratschläge zu erteilen.

In Freiarbeitsphasen erhalten die Kinder von Anfang an Gelegenheit, ihrem Können entsprechende Lesehefte oder Bücher zu lesen, die in einer Klassenbibliothek zugänglich sind. Zum Lesen sollten im Klassenraum gemütliche Leseplätze zur Verfügung stehen wie ein Teppich oder ein Sofa. Die Kinder lesen entweder alleine oder sie lesen sich gegenseitig etwas vor. Darüber hinaus ist die Einrichtung eines Lesezimmers an der Schule zu empfehlen, das von den Klassen regelmäßig besucht wird und in dem auch Bücher ausgeliehen werden können.

Das Vorlesen vor der Klasse kann ab Mitte der 1. Klasse zu einer festen Einrichtung werden. Der Vorleser bzw. die Vorleserin werden jeweils zunächst am Vortag bestimmt und bekommen die Aufgabe, ein frei zu wählendes Lesestück zu Hause zu üben und am nächsten Tag auf dem „Lesethron" vorzutragen. Später reicht auch eine Übungszeit im Unterricht aus. Anschließend erhält das Vorlesekind eine Rückmeldung von den anderen Kindern der Klasse. Dies wird mit den Kindern eingeübt. Die Regeln dafür können beispielsweise sein, dass drei Kommentare abgegeben werden sollen, die positive Aspekte hervorheben, und anschließend ein bis zwei Verbesserungsvorschläge gemacht werden.

3.3 Strukturierter, ritualisierter und medienunterstützter Unterricht

Der Unterricht nach dem Bärenbootkonzept ist in allen Bereichen strukturiert, wobei Rituale eine wichtige Rolle spielen. Zu Schulbeginn werden Regeln und Rituale eingesetzt, damit die Klasse zu einer Lerngemeinschaft wird. Die konkrete Ausgestaltung wird in Teil II dargestellt (▷ S. 18).

Durch eine kontinuierliche Lernbeobachtung („Wörter der Woche", „Lesethron") werden Kinder mit Förderbedarf ermittelt und können in Fördergruppen individuell gefördert werden.

Im Unterricht wird gemeinsames und individuelles Lernen systematisch verbunden. Die gemeinsamen Unterrichtsphasen sind dafür da, die Kinder an das Entdecken und Problemlösen sowie das Wiederholen und Üben heranzuführen, um sie zu befähigen, selbstbestimmt und selbstkontrolliert zu lernen. Dabei lernen die Kinder miteinander und voneinander. Sie suchen nach Lösungen für die Analyse der Beispielwörter, begründen ihre Vorschläge, beurteilen die Lösungswege der anderen und bringen eigene Lösungen ein. Der auf diese Weise gemeinsam erarbeitete

Problemlöseweg wird vertieft, indem er auf andere Wörter („Wörter der Woche") angewendet wird. Dabei rufen sich die Kinder in der Schülerkette gegenseitig auf. Die Lehrkraft hält sich zurück und greift nur bei Problemen ein. Die Kinder vertiefen den Problemlöseweg, indem sie ihn ihren Mitschülern erklären. Weiß ein Kind nicht weiter, kann ein anderes es unterstützen. Mit der gemeinsamen Erarbeitung von Lösungswegen werden die Kinder auf das individuelle Lernen in Freiarbeitsphasen und das Lernen an Stationen vorbereitet, in denen die eingeführten Lerninhalte wiederholt und gefestigt werden. Die interaktive Tafel ist als ein unterstützendes Medium zu empfehlen. Zum einen erleichtert sie die Unterrichtsvorbereitung und -durchführung, da mit den Arbeitsblättern sowohl an der Tafel als auch in Printform gearbeitet werden kann. Weiterhin ermöglicht sie den mühelosen Einsatz von Bildern, der Bestandteil des Konzeptes ist. Zudem können Arbeitsschritte gespeichert und wieder abgerufen werden und es kann somit an frühere Arbeitsergebnisse anknüpfend gelernt werden. Die Tafel ist außerdem für Kinder motivierend und sie arbeiten gern daran.

 II Unterrichtspraxis

4. Arbeiten mit dem Bärenbootkonzept – allgemeine Hinweise

4.1 Die Wochenstruktur im Überblick

Bei der Arbeit mit dem Bärenbootkonzept gliedert sich jede Schulwoche in feste, wiederkehrende Bestandteile im Deutschunterricht.

Wochenendgeschichten

Die Woche beginnt mit einem Montagmorgenkreis. Jedes Kind wird hier in der Morgenrunde persönlich begrüßt. Die Kinder dürfen dann vom Wochenende erzählen. Das Kind, das gerade erzählt, hält einen Stein in der Hand, den sogenannten „Erzählstein". Nur das Kind, das diesen Stein in der Hand hält, darf erzählen. Wenn andere Kinder eine Frage zu dem Erzählten haben, machen sie dies durch eine Doppelmeldung deutlich und die Schülerin bzw. der Schüler mit dem Stein darf Wortmeldungen zu dem eigenen Beitrag annehmen. Im Anschluss daran werden „Wochenendgeschichten" geschrieben. Falls am Montag kein Deutschunterricht stattfindet, schreiben die Kinder die „Wochenendgeschichten" am Dienstag.

Buchstabeneinführung mit Buchstabengeschichten

In der nächsten Deutschstunde wird der jeweils neue Buchstabe der Woche mit einer Buchstabengeschichte eingeführt (▷ ab S. 25, Buchstabengeschichten). Jeder Buchstabe wird gemeinsam mit der ganzen Klasse eingeführt. Dabei geht es nicht nur um den Buchstaben und seinen Laut, sondern auch um seine Einordnung – rot (Selbstlaut oder Vokal) oder blau (Mitlaut oder Konsonant). Dieses Wissen ist die Basis für das Entdecken der Schrift und der Rechtschreibung.

Buchstabenstationen und Schreiben der Buchstaben

Täglich werden die neuen Buchstaben zehn Minuten zu Musik geschrieben, um die Schreibfertigkeit zu trainieren. Vertieft werden die Buchstaben im Rahmen von Buchstabenstationen (▷ S. 58).

Themengeschichten und Wörter der Woche

Parallel zu jedem neuen Buchstaben wird ein bestimmtes Thema der Rechtschreibung behandelt. Die Themen wie beispielsweise Langes <a> oder Besondere Verdopplungen lassen die Kinder den regelmäßigen Aufbau der Schrift entdecken. Die Kinder werden dadurch mit Grundwissen ausgestattet, mit dem sie sich dann immer selbstständiger die Schrift aneignen können. Für die Einführung der Themen gibt es jeweils eine passende Geschichte (▷ ab S. 42) mit einer kurzen fachlichen Erklärung und einem methodisch-didaktischen Kommentar für die Lehrkraft. Das Thema spiegelt sich auch in den „Wörtern der Woche" wider. Hierzu gibt es im begleitenden Arbeitsheft ein vielfältiges und differenziertes Übungsangebot, damit die Kinder ihren Bedürfnissen entsprechend die Wortstruktur entdecken und üben können.
Faustregel für das erste Schuljahr ist: ein Buchstabe mit seinem entsprechenden Thema pro Woche.

4.2 Selbsteinschätzung der Kinder und Differenzierung

Um das selbstständige Lernen zu trainieren, finden die Kinder von Anfang an differenzierte Aufgaben im Arbeitsheft. Wiederkehrende Symbole zeigen ihnen, was sie erwartet:

Forscheraufgabe

Leseaufgabe

Schreibaufgabe

Sternchenaufgabe

Bei den Forscheraufgaben entdecken die Kinder die Struktur des Zweisilbers mithilfe von Strategien. Das Sprachsystem steht hier im Mittelpunkt. Bei den Leseaufgaben steht das Lesenlernen im Mittelpunkt, bei den Schreibaufgaben das Schreibenlernen. Sternchenaufgaben bieten der Lehrkraft die Möglichkeit, ihren Unterricht ohne zusätzlichen Kopieraufwand zu differenzieren. Sie enthalten herausfordernde Aufgaben, die teilweise über das Gelernte hinausgehen und leistungsstarke Kinder fordern. Diese Aufgaben müssen nicht von allen Kindern bewältigt werden.

Schätze dich ein: Die Kinder bewerten jede Seite im Arbeitsheft, indem sie einem Smiley einen entsprechenden Mund malen. Sie haben die Wahl zwischen: „Das war leicht!", „Das war in Ordnung!", „Das war schwer! Ich brauche Hilfe." Damit lernen sie von Anfang an, sich selbstständig einzuschätzen.

 Das war leicht!

 Das war in Ordnung!

Das war schwer!
Ich brauche Hilfe.

4.3   Das Buchstabenboot – Anlauttabelle und Bärenwörter

Das zweiteilige Buchstabenboot ist vorne und hinten im Arbeitsheft abgedruckt und steht den Kindern vom ersten Tag an zur Verfügung. Es empfiehlt sich auch, eine Kopie des Buchstabenbootes in das Heft zu kleben, das für die Wochenendgeschichten verwendet wird. Weiterhin kann das Buchstabenboot wahlweise vergrößert werden, um es an die Wand zu hängen oder zur Veranschaulichung für die Kinder in einen Sitzkreis mitzunehmen. Die Konsonanten sind schwarz und die Vokale sind rot markiert und jeweils durch die Bären im Boot repräsentiert. Im ersten Schuljahr werden die Buchstaben immer in diesen beiden Farben geschrieben, da die Unterscheidung zwischen Konsonanten und Vokalen für das Entdecken des Schriftsystems elementar ist.

Aufbau und Funktion des Buchstabenbootes

Das Buchstabenboot beinhaltet eine Anlauttabelle, die mit zweisilbigen Wörtern, den sogenannten „Bärenwörtern" verbunden ist. Als Anlauttabelle ist vorne im Arbeitsheft ein Boot abgebildet, in dessen Segel sich die Groß- und Kleinbuchstaben mit entsprechenden Bildern finden. Die Vokale sind rot, die Konsonanten schwarz. Die Reihenfolge entspricht der Reihenfolge der Einführung der Buchstaben. Im Rumpf des Bootes befinden sich die Silbenanfangsränder <sch>, <st>, <sp> und <pf>, die besonderen Silbengelenke <ck>, <tz>, <ng> und <ch> sowie das <ß>, ebenfalls in der Reihenfolge ihrer Einführung. Hierzu gibt es entsprechende Themengeschichten in Teil III.

Im Bullauge hinten im Arbeitsheft sind „Bärenwörter" zusammengestellt. Es handelt sich um jeweils fünf Wörter, in denen die fünf Vokale jeweils in einer offenen bzw. geschlossenen betonten Silbe vorkommen, d. h. jeweils als Lang- bzw. Kurzvokal. Dabei werden immer ein Bärenboot mit Lang- und Kurzvokal gegenübergestellt, z. B. *Tafel – Mantel*. Es handelt sich dabei um ein Wort aus den entsprechenden „Wörtern der Woche". Die Kinder entdecken die Länge bzw. Kürze eines Vokals durch die Analyse des Silbenschnitts in den zweisilbigen „Bärenwörtern". Bei den Vokalbuchstaben in der Anlauttabelle im Segel wird daher nicht zwischen Lang- und Kurzvokal unterschieden. Die Untersuchung der „Bärenwörter" im Hinblick auf die Vokalquantität in der betonten Silbe und die Besonderheit des Silbenkerns in der unbetonten Silbe wird mit „Themengeschichten" eingeführt (▷ ab S. 42).

Mit den Bärenwörtern lässt sich die Schreibung des Großteils der deutschen Wörter erklären. Zu allen Buchstaben gibt es entsprechende „Buchstabengeschichten", in denen die Bären viele Abenteuer erleben und gleichzeitig das Sprachsystem und seine Phänomene thematisiert werden. Diese Geschichten machen den Unterricht spannend und ermöglichen den Kindern einen emotionalen Zugang zur Schrift. Die zunächst abstrakt erscheinende Struktur des Zweisilbers wird durch die Bären konkret und kann von den Kindern spielerisch gelernt werden.

Bärenwörter

5. Arbeiten mit dem Bärenboot: Praktische Hinweise für den Unterricht

5.1 Wochenendgeschichten

Am Anfang der Woche schreiben die Kinder **Wochenendgeschichten** in ein Geschichtenheft. Im Morgenkreis erzählen die Kinder ihren Mitschülerinnen und Mitschülern von ihren Erlebnissen am Wochenende. Im Anschluss daran können sie ihre Geschichte malen und planen hierdurch ihren Text, den sie dann aufschreiben können. Zunächst malen die Kinder Wochenenderlebnisse und schreiben einzelne Wörter dazu. So hat beispielsweise ein Kind eine Biene gemalt, die ihm in den Finger gestochen hat, und dazu das Wort „Au" geschrieben, das den Schmerz des Bienenstichs deutlich machen soll. Die Kinder lernen dadurch, über ihre Lebenswelt zu erzählen und zu schreiben.

Die Lehrkraft liest die Wochenendgeschichten und wählt dann einzelne Wörter oder Sätze aus, die sie jeweils unter die Geschichte schreibt und die das entsprechende Kind drei Mal abschreiben soll. Auf diese Weise baut jedes Kind ein Repertoire richtig geschriebener Geschichtenwörter auf. Damit lernen die Kin-

der von Anfang an, ihren Text auch zu überarbeiten. Es empfiehlt sich, im Wochenendgeschichtenheft die folgende Liste mit wichtigen kleinen Wörtern und Merkwörtern einzukleben, die den Kindern bei ihren Geschichten helfen.

Merkwörter für deine Geschichten

ich	du	er	sie	es	wir	ihr	sie

mich	mir	dich	dir	sich	ihm	euch	uns

der	die	das

dann	wenn	denn

als ab auf für weg zu von vor sehr und sind

5.2 Buchstabeneinführung und Einsatz des Arbeitshefts

Der neue Buchstabe wird immer zu Beginn der Woche über eine Buchstabengeschichte, ein Rätsel oder Gedicht eingeführt und dann an verschiedenen Buchstabenstationen geübt.

Buchstabengeschichten

Die Buchstabengeschichten (▷ ab S. 25) handeln von Ole (einem beliebigen Klassenkuscheltier) und einem oder mehreren der sechs Bärenbootbären. Je nachdem, ob ein Vokal oder Konsonant eingeführt wird, kommt entweder ein rot oder ein schwarz angezogener Bär. Die Kinder erkennen daher sehr schnell, ob ein roter (Vokal) oder schwarzer Buchstabe (Konsonant) eingeführt wird. Neben den Buchstabengeschichten gibt es im Materialteil auch Gedichte oder Rätsel, die die Lehrkraft vorlesen kann.

Zwei Kinder können Ole und den jeweiligen Bären nehmen und die Geschichte spielen, während die Lehrkraft die Geschichte vorliest. Die Klasse rät anschließend, um welchen Buchstaben es sich handeln könnte. Einzelne Kinder ziehen Gegenstände oder Bilder zu dem jeweiligen Buchstaben aus einem Säck-

chen, das die Lehrkraft füllt und mitbringt, und benennen die Gegenstände.

Der neue Buchstabe wird dann zunächst in die Luft und/oder auf den Rücken eines anderen Kindes geschrieben. Erst danach schreiben die Kinder den neuen Buchstaben in ihr Arbeitsheft, und danach täglich zehn Minuten zu klassischer Musik in ein separates Schreibheft. Dieses sollte dieselbe Lineatur wie das Arbeitsheft haben. Sobald die „Wörter der Woche" eingeführt sind, werden auch diese im Schreibheft geübt.

Buchstabenstationen

Die Kinder üben den neuen Buchstaben an verschiedenen Stationen. Dabei können sie den Buchstaben ganzheitlich erfahren. Die Stationen werden in der Klasse aufgebaut. Nach der behutsamen Einführung der insgesamt neun einzelnen Stationen (jede Woche kommt eine neue hinzu) sollten den Kindern dann jede Woche sechs ausgewählte Stationen zur Verfügung stehen, von denen drei Pflicht- und drei Zusatzaufgaben (Sternchenaufgaben) enthalten. Welche Stationen bearbeitet werden sollen, entscheidet die Lehrkraft jede Woche unter

Berücksichtigung der Bedürfnisse ihrer Klasse. Beschreibungen der Stationen sowie Stationenkarten sind im Materialteil enthalten (▷ S. 58).

Im Materialteil befindet sich ein Arbeitspass für die Buchstabenstationen, der kopiert werden kann und in dem die Kinder jede Woche ankreuzen können, welche Stationen sie bearbeitet haben. Es ist sinnvoll, den Arbeitspass für jedes Kind zu laminieren. Die Kinder tragen dann die bearbeiteten Stationen jede Woche zur Selbstkontrolle mit einem wasserlöslichen Folienstift ein (▷ S. 63).

Einsatz des Arbeitshefts

Am Anfang des Schuljahres wird die **Lernausgangslage** des Kindes erhoben. Dazu dient die erste Seite im Arbeitsheft (Das bin ich. Das kann ich schon schreiben. Arbeitsheft 1). Die folgenden Seiten im Arbeitsheft weisen eine feste Struktur auf. Sie wird von Buchstabe <M, m> bis <E, e> aufgebaut und bleibt dann bis zu den Buchstabenverbindungen <ng>, <ch>, <sch> unverändert. Nur Teil 4 und 5 des Arbeitshefts (Arbeitsheft 2) weichen aufgrund ihrer Themen etwas von der Grundstruktur ab. Der Schwerpunkt der Arbeit wird somit auf das Üben gelegt, da das Erklären unterschiedlicher Aufgabentypen entfällt. Die Aufgabenstellung steht jeweils unten auf der Seite und kann von der Lehrkraft zur Erklärung der Aufgabe genutzt werden.

Das bin ich. Das kann ich schon schreiben: In den ersten Tagen ist es wichtig festzustellen, mit welchen Voraussetzungen das Kind in die Schule gekommen ist. Ohne Druck soll das Kind dazu die erste Seite des Arbeitshefts ausfüllen (Arbeitsheft 1). Hier soll es sich selbst malen und schreiben, was es schon kann. Je nachdem, ob ein Kind nur malt, seinen Namen, einzelne Buchstaben oder erste Worte nach Gehör schreibt, kann eine Lehrkraft erste Hinweise über die Lernausgangslage des Kindes bekommen.

Buchstabenseite: Jeder Buchstabe wird mit einer Buchstabenseite eingeführt. Diese Seite beinhaltet das Nachspuren des neuen Buchstabens zu dem entsprechenden Anlautbild aus dem Buchstabenboot sowie die Möglichkeit zum Malen und/oder Schreiben passender Anlautwörter. Außerdem üben die Kinder das Schreiben des neuen Buchstabens in seiner Farbe. Die Boote zeigen den Kindern, auf welchen Linien der Buchstabe geschrieben werden muss. So wird das große <M> beispielsweise im Bereich der Fahne und des Bootes geschrieben. Das kleine <g> hingegen befindet sich im Boot und in den Wellen. Die Buchstabenseite ist eine Pflichtaufgabe der Buchstabenstationen, die die Kinder nach dem Hören der Buchstabengeschichte bearbeiten, um sich den neu eingeführten Buchstaben zu erarbeiten

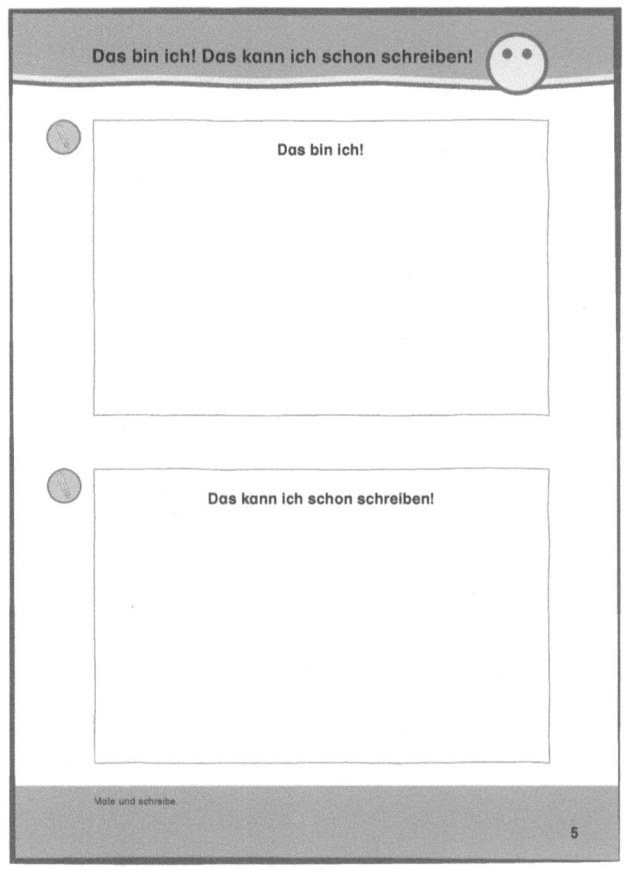

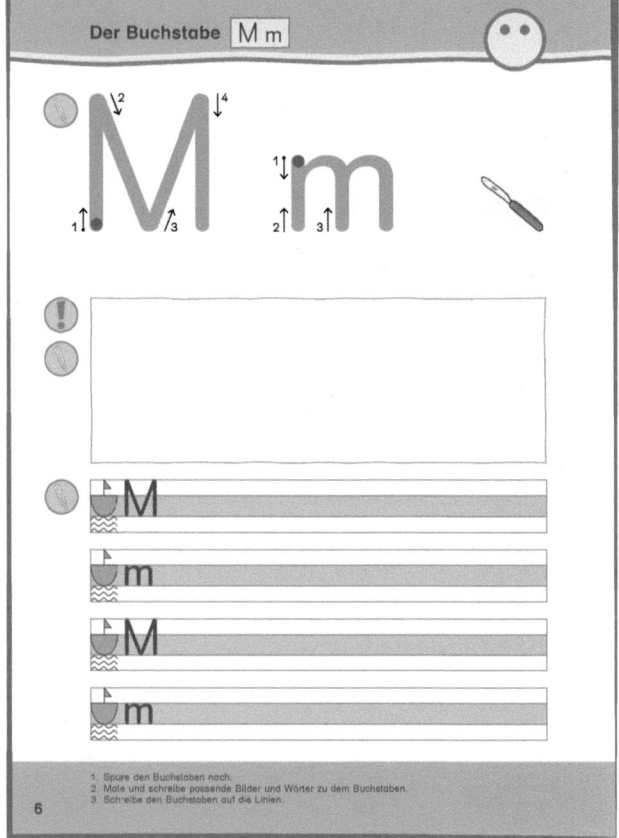

5.3 Einführung der Wörter der Woche

Das Besondere an dem Konzept „Ich lerne lesen" ist, dass parallel zu den Buchstaben die sogenannten „Wörter der Woche" eingeführt werden, deren Struktur die Kinder mithilfe von Strategien selbst entdecken können. Mit diesen Strategien können sie auch ihre eigenen Wortschreibungen überprüfen.

Themengeschichten

Das Inhaltsverzeichnis des Arbeitshefts zeigt, welche Inhalte systematisch in Verbindung mit den Buchstaben eingeführt werden. Die Kinder werden an die Buchstaben durch „Buchstabengeschichten" und an die Themen mit entsprechenden „Themengeschichten" herangeführt. Die Themengeschichten zu den Wörtern der Woche befinden sich mit einem fachlichen Kommentar für die Lehrkraft im Materialteil (▷ ab S. 42).

Einsatz des Arbeitshefts

Mithilfe ausgewählter „Wörter der Woche" können die Kinder bestimmte Strukturmerkmale des Zweisilbers entdecken. Mit den Buchstaben <A, a> und <O, o> wird der Zweisilber eingeführt (▷ Arbeitsheft 1, S. 7). Mit dem Buchstaben <I, i> wird die Bezeichnung „Wörter der Woche" verbunden mit kleinen Übungen eingeführt. Zunächst enthält eine Übung vier Wörter der Woche und ab dem Buchstaben <P, p> sechs (▷ Arbeitsheft 1, S. 14). Allmählich kommen auch neue Übungen hinzu. Die Lehrkraft muss pro Woche also maximal eine neue Übung erklären.

Silbenbögen malen

Die Kinder lesen die Wörter der Woche und setzen die Silbenbögen. Entsprechend der Wortstruktur werden die Wörter anschließend in die Kästchen des Bärenbootes eingetragen. Die Artikel stehen klein und in Schwarz von Anfang an bei den Wörtern der Woche. Gibt es Klassen, die von Kindern mit Deutsch als Zweitsprache besucht werden, kann dies von der Lehrkraft thematisiert werden. Bei Verben wird klein und in Schwarz ein „er" vor die Wörter geschrieben, z. B. er malt. So steht das Wort in einem sinnvollen grammatischen Zusammenhang.

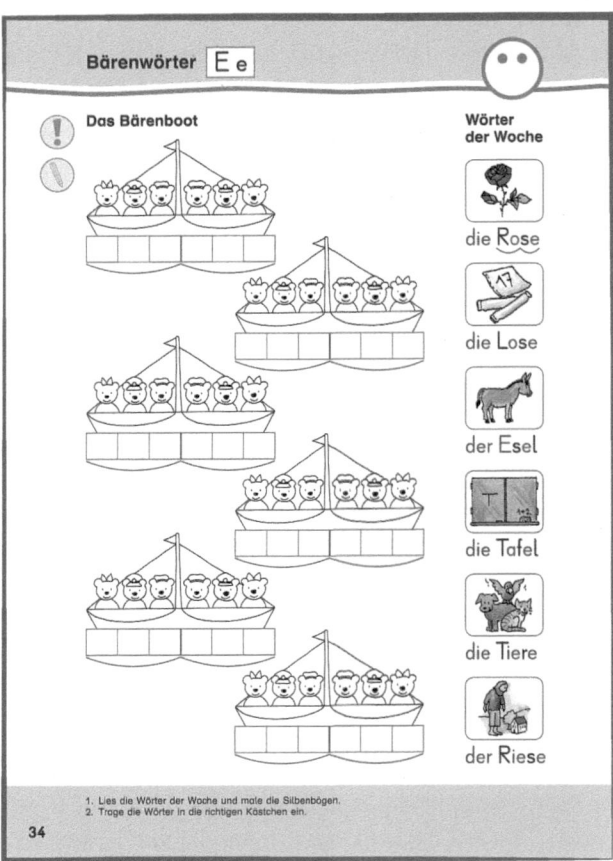

Silben verbinden

Die Kinder verbinden die Silben mithilfe der Bilder. Anschließend schreiben sie sie zum passenden Bild in die Linien und setzen die Silbenbögen.

Wörter und Bilder verbinden

Die Wörter der Woche sollen mit den entsprechenden Bildern verbunden werden. Die Silbenbögen helfen den Kindern beim Erlesen der Wörter.

 Die „Wörter der Woche" auf Linien

Das Schreiben der Wörter der Woche wird geübt. Die Bootslinien helfen beim korrekten Schreiben der Buchstaben.

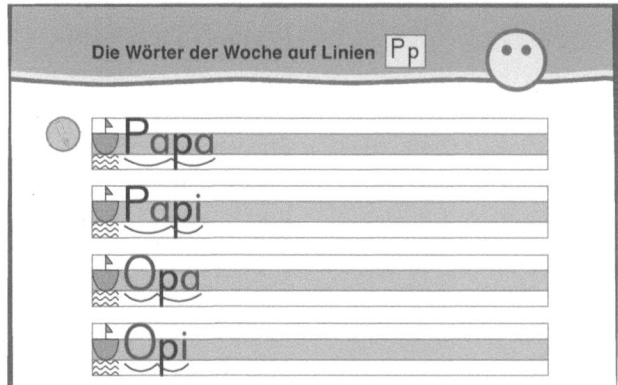

Sternchenaufgaben dienen der Differenzierung. Schnelle und leistungsstärkere Kinder kommen hierbei auf ihre Kosten, ohne dass die Lehrkraft zusätzlichen Arbeitsaufwand hat.

⭐ **Das richtige Wort ankreuzen**

Das Kind wählt aus drei Wörtern das zu dem Bild passende Wort aus und kreuzt es an. Die Wörter gehen oft über die bis dahin erlernten Buchstaben hinaus und stellen so eine besondere Anforderung dar.

⭐ **Knobelsätze**

Die Lesesätze mit bekannten und unbekannten Buchstaben werden von den Kindern gelesen. Ein Wort passt nicht. Dieses müssen die Kinder herausfinden und durchstreichen.

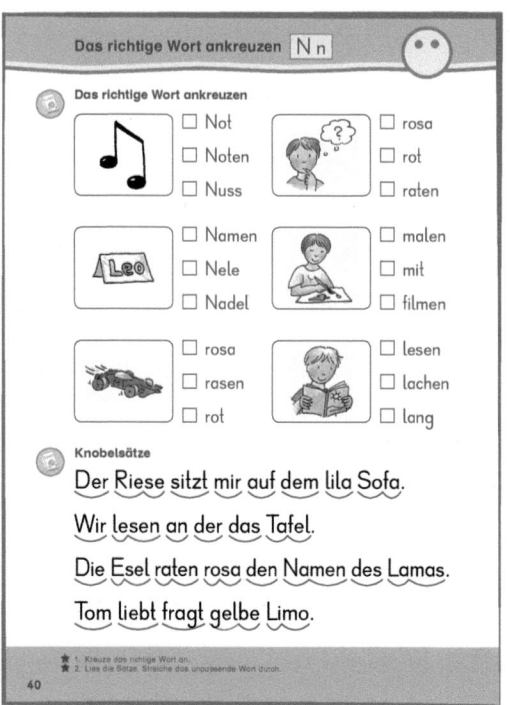

Als zusätzliche Aufgabe können die Kinder die Knobelsätze zur Festigung in ihrem Schreibheft abschreiben. Alternativ können sie auch zu den Wörtern der Woche jeweils einen eigenen Satz aufschreiben.

Abweichungen vom Grundaufbau

Bei den Buchstaben <T, t> bis <R, r> ist die Struktur einiger Übungen leicht verändert, da es neben Zweisilbern auch einsilbige Wörter der Woche gibt, die die Kinder entsprechend zuordnen müssen. Auch die Themen von Teil 4 und 5 im Arbeitsheft 2 weichen von der herkömmlichen Struktur ab, sind aber selbsterklärend.

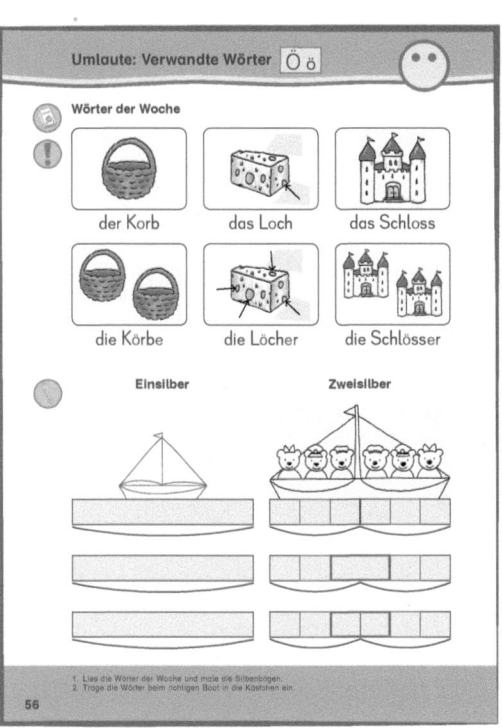

5.4   Zusätzliche Angebote

Neben den festen wöchentlichen Bestandteilen des Schreiblehrgangs haben sich verschiedene zusätzliche Angebote als sinnvolle Ergänzung erwiesen. Im ersten Schuljahr eignen sich beispielsweise ein „Lesethron" und Freiarbeitsangebote.

Lesethron

Den Kindern sollten von Anfang an unterschiedliche Lesematerialien zur Verfügung stehen. Sie können auch eigene Erstlesebücher von zu Hause mit in die Schule bringen.

Zum Vorlesen auf dem „Lesethron" können sich die Kinder einen Ausschnitt einer Geschichte oder eine kleine Geschichte auswählen, die sie nach einer Übungszeit zu Hause oder im Unterricht vor der Klasse vortragen dürfen.

Der Lesethron sollte sich optisch von den anderen Stühlen im Klassenraum unterscheiden – ob es sich um den Stuhl der Lehrkraft, einen besonders alten oder größeren Stuhl oder einen beispielsweise mit Stoff geschmückten Kinderstuhl handelt, ist dabei nicht relevant. Es sollte für die Kinder deutlich sein, dass die Lesethronzeit beginnt, wenn der Stuhl vorne steht.

Nach einem Lesevortrag applaudieren die Mitschülerinnen und Mitschüler und loben das Lesethronkind. Es gibt drei Lob- und anschließend ein bis zwei Tippmeldungen. Die Tipps sind freundlich und konstruktiv formuliert, wie beispielsweise: „Beim nächsten Mal könntest du noch etwas lauter lesen." Das Lesethronritual sollte eingeübt werden und wird erfahrungsgemäß nach kurzer Zeit selbstständig von den Kindern durchgeführt.

Freiarbeitsangebote

In der Freiarbeitszeit können die Kinder beispielsweise in Büchern aus der Klassen- oder Schulbibliothek lesen. Sie müssen in der Lesezeit nicht an ihrem eigenen Platz lesen, sondern können sich hierfür einen Platz ihrer Wahl im Klassenzimmer oder der Bibliothek auswählen (z.B. auf der Fensterbank, in der Leseecke, unter dem Tisch, an der Heizung oder auf einem Teppich), sodass sie sich wohlfühlen und möglichst wenig von anderen laut lesenden Kindern gestört fühlen.

Eine weitere Möglichkeit ist ein leeres Heft, das den Kindern für weitere Texte und Zeichnungen zur Verfügung steht.

III Materialien

6. Buchstabengeschichten

Vor der ersten Geschichte werden Ole, ein Klassenkuscheltier, und die sechs Bären aus dem Bärenboot vorgestellt: Musikantin, Kapitän, Matrose Max, Matrose Paul, Kapitänsfrau, Matrosin Maxi. Alternativ können die Kinder andere Namen für die Matrosen finden.

Das Klassenkuscheltier Ole – es kann ein Bär oder ein beliebiges anderes Tier sein – wurde gemeinsam mit den Kindern eingeschult und lernt nun mit ihnen Lesen und Schreiben. Die Bären vom Bärenboot helfen ihnen dabei. Die Lehrkraft könnte an dieser Stelle bereits erwähnen, dass der Kapitän mit seiner Frau immer an Bord ist. Sie haben eine wichtige Aufgabe und auch eine andere Kleidung, sie tragen nämlich die Farbe Rot. Die Matrosen sind nicht immer alle mit dabei und haben eine schwarze Kleidung.

Die Musikantin musiziert auf dem Boot. Sie ist ein kreativer Bär, ihr können mehrere Buchstaben zugeordnet werden (Silbenanfangsrand).

Zur Buchstabeneinführung bringt die Lehrkraft jeweils Gegenstände ihrer Wahl und/oder Bilder in einem kleinen Buchstabensäckchen mit, die mit dem jeweiligen Anfangsbuchstaben beginnen. Passende Bilder zum Kopieren und Ausschneiden sind ab Seite 38 abgebildet. Es empfiehlt sich, die Bildkarten beim Kopieren zu vergrößern. Weitere notwendige Gegenstände sind am Anfang jeder Geschichte aufgeführt. Die Buchstabeneinführung läuft immer nach demselben Muster ab:

Schritt 1

Die Kinder sitzen im Kreis. Die Lehrkraft liest die Buchstabengeschichte vor, in der jeweils Ole und ein Bär aus dem Bärenboot vorkommen. Vor dem Vorlesen verteilt die Lehrkraft die Rollen an zwei Kinder. Diese sitzen in der Mitte des Sitzkreises und spielen die Handlung der Geschichte nach.

Schritt 2

Anschließend dürfen einzelne Kinder die Gegenstände oder Bilder aus dem Säckchen ziehen. Die Schüler erraten, um welchen Buchstaben es sich in der jeweiligen Woche handelt.

Schritt 3

Dann wird der Buchstabe in der Luft, auf den Knien oder auf dem Rücken des Nachbarkindes geschrieben.

Schritt 4

Im Anschluss daran arbeiten die Kinder an Buchstabenstationen, die Buchstaben werden dann in das Arbeitsheft geschrieben.

Schritt 5

Buchstaben mit Besonderheiten werden im Rahmen von Themengeschichten eingeführt.

M
m

Material zur Vorbereitung:
gefülltes Buchstabensäckchen, Ole, Musikantin, Holzbuchstabe M, Marmelade, Vollkornbrot, Bilder: Messer, Maus, Muschel, Mathebuch, Marmelade

Ole geht jetzt schon seit ein paar Tagen in die Schule. Er möchte endlich lesen und schreiben lernen. Er weiß bereits, dass er dazu Buchstaben braucht. Ole hat auch schon eine Ahnung, dass die Bären irgendetwas damit zu tun haben. Er ist ganz gespannt. Da kommt ein blauer Bär zu Ole und gibt ihm ein Säckchen.
Die Musikantin sagt: „Heute wirst du den ersten Buchstaben lernen. Es gibt rote und schwarze Buchstaben. Dieser ist schwarz. In diesem Säckchen findest du Sachen, die etwas mit dem Buchstaben zu tun haben. Die Kinder können dir dabei helfen. Findest du den Buchstaben heraus, so gibt es für euch alle eine Überraschung."
Ole nimmt das Säckchen und gibt es der Lehrkraft

→ *Kinder, die aufgerufen werden, dürfen einen Gegenstand aus dem Säckchen herausnehmen und in die Mitte legen.*

Am Ende ist Ole etwas verwirrt. Das Säckchen ist leer und er hat noch keine Ahnung, um welchen Buchstaben es sich handeln könnte. Er fragt die Kinder und diese antworten: „M."
Ole sieht die Bärin fragend an. Diese nickt und gibt ihm den Buchstaben M. Die Lehrkraft kann dazu evtl. vorhandene Holzbuchstaben verwenden oder Buchstaben in Rot bzw. Schwarz auf Pappe drucken und laminieren.

→ *Die Lehrkraft schreibt den blauen Buchstaben an die Tafel bzw. das Smartboard. Die Kinder schreiben ihn in die Luft, auf ihr Knie, auf den Rücken ihres Nachbarn. Sie wiederholen den Buchstaben, wenn die Lehrkraft das <M> hochhält.*

Zum Schluss bekommt Ole von der Bärin ein Geschenk. Es ist ein Glas Marmelade.

→ *Ein Kind darf das Marmeladenglas auspacken. Jedes Kind bekommt ein Stückchen Vollkornbrot mit Marmelade. Alle essen zusammen und genießen.*

A
a

Material zur Vorbereitung:
gefülltes Buchstabensäckchen, Ole, Kapitän, Apfelsaft, Becher oder Tassen, Bilder: Apfel, Arzt, Ameise, Acht, Ampel, Arm

Ole kennt nun schon das große und das kleine <M>. Er hat auch schon eine Anlauttabelle mit allen Buchstaben bekommen. Er guckt sie an. M wie Messer hat er verstanden. Aber wie geht das mit den anderen Buchstaben? Wieso sind einige schwarz und andere rot? Ole denkt nach. Da kommt auf einmal ein Bär mit einem roten Pullover auf ihn zu.

„Hallo, wer bist du denn?", fragt Ole. „Ich bin der Kapitän vom Bärenboot", sagt der Bär. „Du hast einen roten Pullover an. Hast du vielleicht etwas mit den roten Buchstaben auf meinem Buchstabenboot zu tun?", fragt Ole neugierig. Der Bär lacht ihn freundlich an und sagt: „So ist es. Möchtest du einen roten Buchstaben kennenlernen?" Ole nickt. Der Bär gibt Ole das Säckchen und sagt: „Finde es heraus. Deine Freunde, die Kinder dieser Klasse, können dir helfen. Schafft ihr etwas, gebe ich euch allen ein Getränk aus, das etwas mit dem Buchstaben zu tun hat." Aufgeregt nimmt Ole das Säckchen.

→ *Die Kinder helfen Ole, die Gegenstände herauszuholen. Die Lehrkraft verteilt anschließend den Apfelsaft.*

O / o

Material zur Vorbereitung:
gefülltes Buchstabensäckchen, Ole, Kapitän, Orangensaft, Tassen oder Becher, Bilder: Ofen, Olympische Ringe, Orgel, Orangensaft

Ole schläft. Er träumt von den Buchstaben, die er kennt. Dabei murmelt er: „M wie Marmelade."
Auf einmal weckt ihn der Kapitän vorsichtig auf. Ole guckt ihn verträumt an. „Hallo Ole", sagt der Kapitän: „Wenn du mir alle Buchstaben sagen kannst, die du bis jetzt kennst, verrate ich dir einen neuen."
Aufgeregt guckt Ole die Kinder der Klasse an. Wie hieß nur der schwarze Buchstabe nochmal? Er geht zu einem Kind, das sich leise meldet, und lässt sich den Buchstaben ins Ohr sagen:

→ *Kind sagt: M wie Messer.*

Ole sagt die Antwort laut. Der Kapitän nickt und gibt Ole das Säckchen mit dem Rätsel für den neuen Buchstaben. Dabei zwinkert er ihm zu und sagt: „Der nächste Buchstabe ist rot. Finde ihn heraus!" Ole fragt den Bären, ob <o> der richtige Buchstabe ist. Dieser gratuliert ihm. Zum Schluss bekommt Ole vom Bären zwei Flaschen Orangensaft. Alle freuen sich und trinken gemeinsam den Saft.

→ *Die Lehrkraft verteilt den Orangensaft.*

I / i

Material zur Vorbereitung:
gefülltes Buchstabensäckchen, Ole, Kapitän, Bilder: Igel, Indianer, ich, Inlineskates, Insel

Ole kann nun schon einige Buchstaben und hat auch eine Ahnung vom Lesen. Er freut sich über seine neuen Freunde, die Bären. Fleißig hat er in letzter Zeit das Buchstabenschreiben geübt und findet das manchmal etwas anstrengend. Da sieht er den Kapitän, der auf ihn zukommt. Ole fragt ihn: „Gibt es eigentlich auch einen Buchstaben, der einfach zu schreiben ist?" Der Bär lacht ihn an und nickt. Er gibt Ole das Säckchen für den neuen Buchstaben. Er winkt Ole und sagt: „Viel Spaß beim Herausfinden des neuen Buchstabens. Aber denk dran, auch einfache Buchstaben sollte man ordentlich schreiben, damit jeder sie lesen kann."
Ole fragt den Bären, ob <i> der richtige Buchstabe ist. Dieser gratuliert ihm, gibt ihm das Säckchen und verabschiedet sich.

P / p

Material zur Vorbereitung:
gefülltes Buchstabensäckchen, Ole, Musikantin, Bilder: Palme, Pilz, Pinguin, Pinsel, Post (-horn)

Ole kann nun schon einige Wörter schreiben und kennt schon viele Buchstaben. Er schreibt gern mithilfe der Bären. Ole hat auch verstanden, dass auf dem Buchstabenboot alle Buchstaben zu finden sind und sie immer ein Bild bei sich haben.
Die Musikantin kommt auf Ole zu und winkt. „Hallo! Wie geht's dir?", fragt ihn die Bärin. „Ich freue mich schon auf den neuen Buchstaben der Woche und bin gespannt, welcher diese Woche dran ist", sagt Ole.
Die Bärin lächelt ihn an und gibt Ole das Säckchen für den neuen Buchstaben. Sie winkt Ole und sagt: „Viel Spaß beim Herausfinden des neuen Buchstabens. Denk bitte dran, dass es sehr wichtig ist, den neuen Buchstaben und die Wörter der Woche richtig schön schreiben zu üben."
Ole fragt sie, ob <p> der richtige Buchstabe ist. Diese gratuliert ihm, gibt ihm das Säckchen und verabschiedet sich.

T / t

Material zur Vorbereitung:
Ole, Musikantin, Teller, Tassen, Teetasse, Teebeutel, Wasserkocher, Teekanne

Ole ist es etwas langweilig. Er schaut in der Gegend herum. Da kommt die Musikantin auf ihn zu. Sie winkt ihm und sagt: „Hallo Ole! Wie geht es dir?" Ole antwortet: „Mir geht's gut, aber ehrlich gesagt, ist mir heute ein bisschen langweilig." Die Bärin guckt ihn freundlich an. Gegen Langeweile hat sie ein Geheimrezept. Sie fragt: „Darf ich dich und deine Freunde zu einem kleinen Teefest einladen? Dann geht die Langeweile bestimmt schnell vorüber." Ole freut sich. Er hilft der Bärin bei den Vorbereitungen für das Teefest. Die Bärin sagt ihm, was er tun soll:

„Zuerst brauchen wir einen Teller."

Ole gibt ihr den Teller.

„Dann brauchen wir noch eine Tasse."

Ole gibt ihr die Tasse.

„Jetzt brauchen wir die Teekanne."

Ole gibt ihr die Teekanne.

„Es fehlt noch ein Teebeutel."

Ole gibt ihr den Teebeutel.

„Jetzt müssen wir nur noch Wasser im Wasserkocher erwärmen."

Das Wasser wird gekocht und in die Teekanne gegossen. Jetzt muss der Tee nur noch etwas ziehen. Freundlich schaut die Bärin Ole an und sagt: „Ich liebe ein Teefest. Das ist so gemütlich. Wenn du errätst, um welchen Buchstaben es bei einem Teefest geht, bekommen alle deine Freunde aus der Klasse auch eine Tasse Tee."
Ole denkt nach. Zu einem **Teefest** braucht man eine **Tasse**, einen **Teller**, einen **Teebeutel** und eine **Teekanne**. Was ist bei all diesen Wörtern gleich? Ole fragt die Kinder.

→ *Die Kinder nennen das <T> als Gemeinsamkeit.*

Ole fragt die Bärin. Diese gratuliert ihm. Gemeinsam sagen alle die Wörter:
T wie Teefest, T wie Tasse, T wie Teller, T wie Teebeutel
Die Bärin fragt die Kinder, ob sie noch mehr Wörter mit T kennen.

→ *Zur Feier des Tages gibt es für jeden eine kleine Tasse Tee.*

L	
l	

Material zur Vorbereitung:
gefülltes Buchstabensäckchen, Ole, Musikantin, Bilder: Löffel, Lama, Limonade, lila, Lineal

Ole kommt heute fröhlich hüpfend auf seine Matrosenfreundin zu und ist schon ganz gespannt, ob es heute wohl wieder eine Teeparty geben wird.
Er fragt: „Gibt es heute wieder Tee zum neuen Buchstaben?" „Nein, Ole. Das T wie Tee hatten wir ja in der letzten Woche. Heute habe ich dir einen Spruch zum Buchstaben der Woche mitgebracht. Den möchte ich den Kindern und dir gerne beibringen. Ihr müsst versuchen, den immer schneller zu sprechen. Er ist so eine Art „Zungenbrecher", sagt sie.
„Was ist denn ein Zungenbrecher?", fragt Ole. „Das ist ein Spruch, bei dem die Wörter nacheinander mit ähnlichen Buchstaben anfangen. Das ist

schwierig zu sprechen und man hat beim schnellen Sprechen das Gefühl, als ob man sich beinahe die Zunge bricht. Deshalb nennt man das einen Zungenbrecher", erklärt die Musikantin Ole.
Hier ist der Zungenbrecher für dich: „Lila Leuchter lieben liebe Lampions, lila Lampen lieben liebe Leuchter."

→ *Die Kinder sprechen den Zungenbrecher mit der Lehrkraft gemeinsam.*

Die Musikantin schaut fragend in die Klasse und sagt dann: „Habt ihr eine Idee, um welchen Buchstaben es in dieser Woche geht? Der Zungenbrecher ist schon ein Hinweis."
Sie gibt Ole das Säckchen, verabschiedet sich und geht wieder zum Bärenboot zurück.

F	
f	

Material zur Vorbereitung:
gefülltes Buchstabensäckchen, Ole, Musikantin, Federn im Klassensatz, Bilder: Feder, Film, Fuchs, Fisch, Farben, Falle, Fahrrad

Ole hatte ein schönes Wochenende, hat sich aber auch schon wieder sehr auf die Schule gefreut. Ole möchte unbedingt neue Buchstaben kennenlernen und neue Wörter lesen und schreiben können.
Von Weitem sieht er die Musikantin kommen. Er ruft: „Hallo, wie geht es dir? Hattest du ein schönes Wochenende?" „Ja. Es war wirklich toll. Ich habe mir überlegt, welchen Buchstaben die Kinder und du heute lernen werdet."
„Super, ich bin schon ganz gespannt!", sagt Ole.
„Schau, hier habe ich ein Säckchen mit vielen Dingen und Bildern." Er nimmt das Säckchen und schaut neugierig hinein:
eine Feder, ein Film, ein Fuchs, ein Fisch, Farben, eine Falle, ein Fahrrad.
„Um welchen Buchstaben geht es wohl heute?", fragt die Matrosin."

→ *Die Kinder raten <f>.*

„Heute gibt es für jeden von euch ein Geschenk, nachdem ihr die Buchstaben geschrieben habt. Das hat mit dem <f> zu tun. Aber jetzt wünsche ich euch erst einmal viel Spaß beim Schreiben."

→ *Jedes Kind bekommt eine Feder geschenkt.*

R
r

Material zur Vorbereitung:
gefülltes Buchstabensäckchen, Ole, Musi-kantin, Bilder: Rock, Reifen/Räder, Radier-gummi, Raupe, Rose, rot

Ole ist heute ganz aufgeregt. Er hat gehört, dass die Bären auf dem Schiff am Wochenende etwas ganz Besonderes erlebt haben. Die Musikantin kommt auf Ole zu und begrüßt ihn mit einer Umarmung.
Sie sagt: „Stell dir mal vor, was wir am Wochenende erlebt haben …" Ole sagt: „Was denn? Mach es nicht so spannend, erzähl doch mal." „Also, gut!", sagt das Bärenmädchen, „am Wochenende sind wir den Fluss im Bärenwald flussabwärts weitergefahren. Wir kamen an bunten Blumen vorbei, haben andere nette Bären getroffen, doch plötzlich wurden aus den bunten Blumen am Ufer riesige Radier-gummis, rosafarbene Räder und giftgrüne Raupen. Ein Zauberbär hat all die Dinge dort hingezaubert und Märchen erzählt. Bevor ich es vergesse, hier ist das Buchstabensäckchen. Viel Spaß beim Heraus-finden!"
„Vielen Dank!", sagt Ole und ist schon ganz neu-gierig, was denn diese Woche im Säckchen ist: ein Rock, Reifen/Räder, ein Radiergummi, eine Raupe, …

→ *Die Kinder erraten, dass es sich um den Buchstaben <r> handelt. Die Wörter werden wiederholt und der Buchstabe <r> in die Luft, auf die Knie, auf den Rü-cken usw. geschrieben.*

S
s

Material zur Vorbereitung:
gefülltes Buchstabensäckchen, Ole, Musi-kantin, Bilder: Säge, Sessel, Sonne, Sofa, Sieb, Süßigkeiten, Salat

Ole findet den Herbst richtig schön. Er hat am Wo-chenende in der Sonne Drachen steigen lassen. An-schließend hat er sich aufs Sofa gesetzt und in ei-nem Buch gelesen. Er ist schon ganz gespannt, wie viele Kinder in dieser Woche auf dem Lesethron sit-zen und vorlesen. „Welchen Buchstaben wir wohl heute kennenlernen?", denkt er und sieht schon seine Freundin, die Musikantin, auf sich zukom-men. Er ruft: „Hallo, wie geht es dir? Hast du uns wieder einen neuen Buchstaben mitgebracht?" „Ja, das habe ich", antwortet die Matrosin freundlich.

„Super, ich bin schon ganz gespannt!", sagt Ole. „Schau, hier habe ich das Buchstabensäckchen." Ole nimmt es und schaut neugierig hinein.
„Um welchen Buchstaben geht es wohl heute?", fragt die Bärin.

→ *Die Kinder finden den Buchstaben <s> heraus.*

„Prima! Jetzt wünsche ich euch erst einmal viel Spaß beim Schreiben", sagt die Bärin und verab-schiedet sich.

E
e

Material zur Vorbereitung:
gefülltes Buchstabensäckchen, Ole, Kapi-tän, Bilder: Esel, Ente, Elefant, Elch, Efeu

Ole schläft und träumt von den Buchstaben, die er schon gelernt hat. Im Traum sieht er die Kinder aus seiner Klasse, die ihm alle schwarzen Buchstaben zuflüstern.

→ *Kinder melden sich und flüstern die Konsonanten, die sie bereits kennen.*

Dann träumt Ole von den roten Buchstaben.

→ *Auch hier flüstern die Kinder die Vokale <a>, <o>, <i>.*

Plötzlich wacht Ole auf und stellt fest, dass er viele blaue Buchstaben, aber nur drei rote kennt. Er sieht den Kapitän an und fragt ihn: „Wieso kenne ich bis-her nur so wenig rote Buchstaben?" Freundlich lä-chelt ihn der Bär an und sagt: „Es gibt weniger rote als schwarze Buchstaben. Die roten sind zwar we-niger, dafür sind sie besonders wichtig. Im Gegen-satz zu den schwarzen Buchstaben können sie kurz oder lang ausgesprochen werden. Heute lernst du das <e> kennen. Obwohl es immer <e> geschrieben wird, kann es lang wie in Esel oder kurz wie in Ente ausgesprochen werden. Dazu erzähle ich dir aber bald noch eine eigene Geschichte. Hier ist das Buch-stabensäckchen."

→ *In den Themengeschichten wird auf das kurze und lange e vertiefend eingegangen.*

N
n

Material zur Vorbereitung:
gefülltes Buchstabensäckchen, Ole, Musikantin, Bilder: Nase, Noten, Namen, Nadel, Nudel

Als Ole heute Morgen aufgewacht ist und aus dem Fenster geguckt hat, hat er lauter Nebel über den Wiesen gesehen.

Er hat seinen Schulranzen schon am Abend vorher gepackt. Das macht er immer so. Er fragt sich, ob er heute wohl einen schwarzen oder roten Buchstaben kennenlernt und welche Wörter der Woche es wohl geben wird.

Da sieht er von Weitem schon eine blaue Matrosenbärin kommen und weiß also, dass es heute um einen blauen Buchstaben geht.

Die beiden begrüßen sich und die Musikantin gibt Ole das Säckchen und sagt: „Ich wünsche euch viel Spaß beim Herausfinden des neuen Buchstabens!"

H
h

Material zur Vorbereitung:
gefülltes Buchstabensäckchen, Ole, Musikantin, Lebkuchenherzen, Bilder: Hut, Herz, Hund, Hafer, Hand, Hupe

Die Musikantin kommt auf Ole zu und ist sehr bepackt. Ole fragt: „Was hast du denn heute alles dabei?" Das Bärenmädchen strahlt ihn freundlich an und sagt: „Ich habe natürlich wieder das Buchstabensäckchen dabei und etwas, was mit dem Buchstaben zu tun hat und das ihr zur Frühstückszeit essen dürft."

Das Mädchen gibt Ole das Säckchen und sagt geheimnisvoll: „Ich bin mal gespannt, ob ihr auch diesmal wieder schnell herausfindet, um welchen Buchstaben es sich handelt.

Sobald ihr es wisst, bekommt ihr die Überraschung zum Frühstück."

→ *Zur Frühstückszeit zur Pause gibt es für jedes Kind ein kleines Lebkuchenherz.*

U
u

Material zur Vorbereitung:
gefülltes Buchstabensäckchen, Ole, Kapitän, Bilder: Uhu, Uhr, Untertasse, Unterhemd

In der Nacht war Ole fürchterlich aufgeregt und hat gar nicht richtig geschlafen. Er hat nämlich den Uhu im Bärenwald laut rufen hören. Es gab ein richtiges Uhukonzert. Ole fand es super! Vor lauter Gedanken bemerkt er jetzt gar nicht, dass der Kapitän schon neben ihm steht und ihn freundlich begrüßt. Ole ahnt schon, dass er heute einen der wenigen roten Buchstaben kennenlernen wird, weil er den Kapitän mit der roten Kleidung sieht. Er freut sich schon riesig. Der Kapitän fragt Ole: „Welche roten Buchstaben kennst du denn jetzt?"

→ *Die Kinder nennen die bisherigen Vokale.*

„Ich habe dir heute auch einen Spruch für alle roten Buchstaben mitgebracht:

Alle sind willkommen hier, **E**lefant, **I**gel, **O**chse und der **U**hu noch dazu."

→ *Die Kinder sprechen den Spruch gemeinsam mit der Lehrkraft.*

B
b

Material zur Vorbereitung:
gefülltes Buchstabensäckchen, Ole, Musikantin, Tasche mit Bananen, Bilder: Bananen, Band, Besen, bunt, Bär

In der Weihnachtszeit hat Ole ein Buch geschenkt bekommen. Er kann schon ein bisschen lesen. Als er am Abend seinen Ranzen packt, freut er sich schon darauf, dass er nun endlich wieder einen neuen Buchstaben kennenlernt.

Die schwarz angezogene Bärin trifft Ole und ruft schon von Weitem: „Kannst du mir mal bitte helfen? Meine Tasche ist so schwer." Ole begrüßt seine Bärenfreundin und hilft beim Tragen der Tasche. Er ist neugierig, was sich wohl in der Tasche befindet.

Das Bärenmädchen sagt: „Ich habe ein kleines Rätsel für dich: In der Tasche ist etwas zu essen. Es kommt aus einem anderen Land, ist lang, gebogen und gelb. Na, was ist es?"

→ *Die Kinder raten „Banane".*

„Richtig, es handelt sich um Bananen. Das habt ihr gut erraten. Jetzt gebe ich euch aber auch noch das Säckchen mit den Buchstabenbildern und die Bananen", sagt die Bärin und verabschiedet sich.

→ *Die Lehrkraft verteilt die Bananen.*

W
w

Material zur Vorbereitung:
gefülltes Buchstabensäckchen, Ole, Musikantin, Wasser, Bilder: Wespe, Weste, Wasser, Wurst, Wal

Ole ist wie immer als Erster in der Klasse und überlegt nochmal, was er in der letzten Woche gelernt hat. Er kann jetzt das <b> schreiben – groß und klein. Seine Bärenfreunde haben ihm beim Lesen und Schreiben von Wörtern mit langem <e> geholfen.
Heute kommt die Musikantin um die Ecke und ist ganz fröhlich: „Stell dir vor, Ole, wir Bären haben eine tolle Wasserschlacht gemacht. Wir saßen im Boot, da kam ein Wal und spritzte uns nass. Wir holten alle unsere Wasserschläuche und spritzten zurück. Blitzschnell war der Wal weg. Auch der neue Buchstabe hat etwas mit Wasser zu tun. Hier ist das Buchstabensäckchen. Jetzt wünsche ich euch viel Spaß beim Schreiben. Denkt dran, dass ihr den Buchstaben auch schön schreibt – nicht nur schnell, sondern auch wirklich ordentlich und schön!"

→ *Die Kinder können gemeinsam mit der Lehrkraft Wasser trinken.*

G
g

Material zur Vorbereitung:
gefülltes Buchstabensäckchen, Ole, Musikantin, Bilder: Gedicht, Gesicht, Gabel, Giraffe

Die Musikantin des Bärenbootes schlendert durch die Klasse. Dabei murmelt sie etwas vor sich hin: „In Hamburg lebten zwei Ameisen …" Ole entdeckt sie und fragt sie neugierig, was sie da vor sich hin spricht. Die Matrosin antwortet: „Ich habe ein Gedicht von der Kapitänsfrau gelernt. Damit ich es nicht vergesse, spreche ich es immer vor mich hin. So kann ich es mir besser merken." „Ich möchte das Gedicht auch lernen." „Ich bringe dir und den Kindern das Gedicht gern bei."

Die Ameisen
In Hamburg lebten zwei Ameisen,
die wollten nach Australien reisen.
Bei Altona auf der Chaussee
da taten ihnen die Beine weh,
und da verzichteten sie weise
dann auf den letzten Teil der Reise.

So will man oft und kann doch nicht
und leistet dann recht gern Verzicht.
Joachim Ringelnatz. Das Gesamtwerk.
Bd. 1: Gedichte. Berlin: Henssel Verlag 1985

„Das ist aber schön und lustig", sagt Ole, „aber was ist denn nun eigentlich ein Gedicht?"

→ *Die Lehrkraft blickt fragend in die Runde. Gemeinsam wird mit den Kindern besprochen, was ein Gedicht ist und was es ausmachen kann (dass es sich z. B. reimt, kurze Zeilen hat).*

„Ich habe jetzt verstanden, was ein Gedicht ist, aber was hat das mit unserem neuen Buchstaben zu tun?" „Na, warte mal ab", sagt die Matrosenbärin, „ich gebe dir hier das Säckchen, du wirst es mit den Kindern herausfinden, da bin ich mir sicher!"

K
k

Material zur Vorbereitung:
gefülltes Buchstabensäckchen, Ole, Musikantin, Bilder: Kapitän, Kasper, Kante, Klavier, Kanu

Ole freut sich, weil er heute Kirschen in seiner Frühstücksdose hat. Kirschen mag er ganz besonders gern, weil er sie selbst von dem Kirschbaum in seinem Garten gepflückt hat. Ganz in Gedanken an die leckeren Kirschen merkt Ole gar nicht, dass die Musikantin schon längst neben ihm steht und ihn freundlich anguckt.
„Hallo Ole! Träumst du?", fragt sie ihn. „Ja, ich habe tatsächlich gerade ein wenig geträumt. Schön, dass du da bist. Hast du uns wieder etwas mitgebracht?" „Selbstverständlich!", sagt sie und schmunzelt dabei. „Ich habe natürlich wieder das Säckchen dabei und einen Zungenbrecher, den du und die Kinder lernen könnt. Der hat auch etwas mit unserem Buchstaben der Woche zu tun. Hier kommt der Zungenbrecher:
Kinder kitzeln kleine Kätzchen. Kitzeln Kätzchen kleine Kinder?

Ich wünsche euch viel Spaß mit dem neuen Buchstaben. Und denkt daran, dass es wichtig ist, den neuen Buchstaben immer gut zu üben."
Die Musikantin verabschiedet sich und trifft sich mit ihrer Bärenfreundin.

J / j

Material zur Vorbereitung: gefülltes Buchstabensäckchen, Ole, Musikantin, Bilder: Junge, Jojo, Jäger, Jaguar, Joghurt, Judo

„Ich finde es richtig schön, dass wir so viel in der Schule lernen und jetzt auch ein bisschen mehr Hausaufgaben aufbekommen", erzählt Ole der Musikantenbärin.
Diese sagt: „Diese Woche lernt ihr auch wieder einen neuen Buchstaben kennen. Ich habe euch einen Spruch dafür mitgebracht, den ihr gemeinsam sprechen könnt:
Jungen mögen Judo, Joghurt und Jaguare.
Habt ihr schon eine Ahnung, welches unser neuer Buchstabe ist? Überprüft es mit dem Säckchen."

D / d

Material zur Vorbereitung: gefülltes Buchstabensäckchen, Ole, Musikantin, Bilder: Drachen, Dornen, Decke, drei, Dinosaurier

Ole ist ziemlich müde heute. Er denkt: „Ich freue mich schon, wenn es morgens draußen nicht mehr so dunkel ist. Dann fällt mir das Aufstehen viel leichter."
Da kommt die Musikantenbärin auf ihn zu und begrüßt ihn freundlich: „Hallo Ole! Du siehst aber müde aus." „Ja, das bin ich auch", sagt Ole. „Ich habe da heute ein passendes Gedicht für dich. Auch der neue Buchstabe kommt darin vor."

Das Gedicht
Wenn es dämmert und dunkelt
Und drinnen so gemütlich ist,
Draußen ein Stern wie ein Diamant funkelt,
Du unter der dicken Decke eingemummelt bist,
Denkst du an drei Drachen
Und andere Märchensachen
Und drehst dich um und schläfst ein
Und bist dankbar, drinnen zu sein.

Ole fragt: „Was hat denn der Spruch damit zu tun, dass ich heute so müde bin?"

→ *Die Lehrkraft spricht mit den Kindern über den Inhalt.*

Die Musikantin überreicht Ole das Buchstabensäckchen und verabschiedet sich.

Sch / sch

Material zur Vorbereitung: gefülltes Buchstabensäckchen, Ole, Musikantin, Bilder: Schiff, Schere, Schule, Schuhe

Die Musikantin kommt auf Ole freundlich zu und sagt: „Heute ist ein besonderer Buchstabentag!"
Ole wundert sich und fragt: „Was ist denn heute besonders und anders?"
„Heute habe ich nicht nur einen Buchstaben für euch, sondern mehrere. Die klingen aber wie ein einziger. Viele von euch haben diese Buchstaben vermutlich auch schon gesehen oder in euren Wochenendgeschichten sogar schon geschrieben."
Ole ist ganz gespannt und kann es gar nicht abwarten, was wohl heute in dem Säckchen ist. Seine Bärenfreundin überreicht ihm das Säckchen und läuft schnell wieder zum Schiff.

St / st

Material zur Vorbereitung: gefülltes Buchstabensäckchen, Ole, Musikantin, Bilder: Stern, Stunde, Sternschnuppe, Stier, Stiefel

Die Musikantin kommt freudestrahlend auf Ole zu und sagt: „Hallo Ole! Ich bin diese Woche wieder da, um euch eine Buchstabengeschichte zu erzählen. In der letzten Woche haben wir drei Buchstaben gelernt, die wie einer klingen, das <sch>. Die heutigen Buchstaben klingen so, als wenn es noch mehr Buchstaben wären. Ich habe euch das Buchstabensäckchen und ein Sternengedicht mitgebracht. Das geht so:

Sternengedicht

Sternenhimmel	Sternwarte
Sternschnuppe	Sternzeichen
Sternklar	Sternsinger
Sternenhell	Sternzeit
Sternstunde	Sternentraum."

Sp
sp

Material zur Vorbereitung:
gefülltes Buchstabensäckchen, Ole, Musikantin, Bilder: Spaghetti, Spiegel, Spiegelei, Spinne

„Heute hab ich ein Rätsel, heute hab ich ein Rätsel", summt die Musikantin vor sich hin. Ole schaut neugierig zu seiner Bärenfreundin hinüber und fragt: „Welches Rätsel hast du für uns?" Sie tut geheimnisvoll: „Das ist was ganz Tolles. Das, was ihr erraten sollt, hat mit dem neuen Buchstaben der Woche zu tun. Das Lösungswort fängt mit dem Buchstaben der Woche an. Hier ist das Rätsel für euch:

Kinder essen sie sehr gerne.
Sie sind schwierig zu essen, weil sie so lang sind.
Viele essen sie mit Tomatensoße."

→ *Die Kinder raten, um was es sich handelt. Lösung: Spaghetti*

„Das war gar nicht leicht. Auch heute habe ich wieder ein Buchstabensäckchen. Viel Spaß beim Entdecken wünsche ich euch!", sagt die Musikantin. Bevor ich wieder zu meinen Bärenfreunden gehe, verrate ich euch aber noch etwas: Ihr wisst jetzt, dass ich auch mehrere Buchstaben tragen kann. Es sind aber nie mehr als vier – das könnt ihr euch merken!" Dann geht sie.

Z
z

Material zur Vorbereitung:
gefülltes Buchstabensäckchen, Ole, Musikantin, Bilder: Zucker, Zimt, Zange, Zunge, Ziege

Die Musikantin kommt auf Ole zu: „Heute hab ich wieder ein Rätsel mitgebracht, Ole! Das Lösungswort fängt mit dem Buchstaben der Woche an. Was ist das: Es ist weiß, schmeckt süß und ist in allen Süßigkeiten enthalten."

→ *Die Kinder erraten die Lösung: Zucker.*

β

Material zur Vorbereitung:
gefülltes Buchstabensäckchen, Ole, Paul, Bilder: Soße, Straße, stoßen, schließen, gießen, schießen

Ole hatte ein wunderbares Wochenende. Er hat viel mit seinen Freunden gespielt. Im Garten konnten sie gemeinsam die Blumen gießen und anschließend haben sie Nudeln mit Soße gegessen.
Nach all diesen schönen Erlebnissen freut sich Ole aber auch schon wieder sehr auf die Schule. Was für neue Buchstaben es wohl noch gibt, die er kennenlernen kann?
Ole ist ganz in Gedanken und merkt noch gar nicht, dass Paul neben ihm steht und ihm auf die Schulter tippt.
„Hallo Ole! Schön, dich zu sehen", sagt er. „Hallo Paul, ich bin schon ganz gespannt, was du uns heute für einen neuen Buchstaben mitgebracht hast", antwortet Ole.
„Ja, das kannst du auch sein", sagt der Matrose. „Es ist ein Buchstabe, den es gar nicht oft und dann nur als kleinen Buchstaben gibt. Daher kommt er nur im Wort oder am Ende eines Wortes vor. In den Bärenwörtern ist er immer in der zweiten Silbe an meinem Platz. Max ist dann nicht dabei. Jetzt wünsche ich viel Spaß beim Herausfinden."
Er gibt Ole das Buchstabensäckchen.

Ei
ei

Material zur Vorbereitung:
gefülltes Buchstabensäckchen, Ole, Kapitän, Bilder: Eis, Eimer, Eichhörnchen, Ei

Ole ist ganz überrascht, als heute der Kapitän auf ihn zukommt. „Hallo lieber Kapitän! Ich dachte, wir hätten alle roten Buchstaben schon gehabt."
„Hallo Ole! Ja, du hast im Prinzip recht, es gibt aber rote Buchstaben, die zu zweit zu mir gehören."
Ole ist schon ganz neugierig, um welche Buchstaben es sich wohl handelt.
„Ich habe eine Idee", sagt der Kapitän, „bevor du heute das Säckchen mit den Buchstabenbildern bekommst, hab ich ein kleines Pantomimenrätsel für dich."
„Was ist denn eine Pantomime?", fragt Ole. Der Kapitän erklärt ihm, dass man mit einer Pantomime ohne zu sprechen z.B. ein Wort darstellen kann.

Beim Wort Huhn kann man z.B. flattern wie ein Huhn und dann kann man erraten, dass ein Huhn nachgeahmt wird.

→ *Folgende Wörter können pantomimisch dargestellt werden: Eis, Eimer, Eichhörnchen …; die Kinder erraten dann die Wörter.*

„So, jetzt gebe ich dir aber das Säckchen! Viel Spaß beim Herausfinden! Ich weiß ja schon, dass ihr richtige Rateprofis seid."

Au
au

Material zur Vorbereitung:
gefülltes Buchstabensäckchen, Ole, Kapitän, Bilder: Auto, Auge, auf, Automat

Der Kapitän kommt fröhlich auf Ole zu und singt „Auf der Mauer, auf der Lauer …". Ole schaut den Kapitän freundlich an und fragt, welches Lied er singe. „Das ist schon ein ganz altes Lied, das haben schon meine Eltern in der Bärenschule gelernt, und das Beste ist, es hat mit unseren Buchstaben der Woche zu tun. Komm, ich singe es euch vor."

→ *Die Kinder singen das Lied.*

„Auf der Mauer, auf der Lauer sitzt 'ne kleine Wanze, auf der Mauer, auf der Lauer sitzt 'ne kleine Wanze. Seht euch mal die Wanze an, wie die Wanze tanzen kann! Auf der Mauer, auf der Lauer sitzt 'ne kleine Wanze."

„Das ist ein wirklich komisches Lied", sagt Ole. „Ich hab aber schon eine Idee, welches unser neuer Buchstabe sein kann."
„Eines kann ich dir schon verraten, es ist so ähnlich wie mit den Buchstaben in der letzten Woche. Es sind zwei Buchstaben, die zusammengehören und sich den Platz bei mir auf dem Schiff teilen. Jetzt bin ich gespannt, ob ihr es herausbekommt. Bis zum nächsten Mal!"

→ *Das Lied wird nochmals gesungen, dann auch mit <au>.*

„Auf der Mauer, auf der Lauer sitzt 'ne kleine Waunze, auf der Mauer, auf der Lauer sitzt 'ne kleine Waunze. Seht euch mal die Waunze an, wie die Waunze tanzen kann! Auf der Mauer, auf der Lauer sitzt 'ne kleine Waunze."

Eu
eu

Material zur Vorbereitung:
gefülltes Buchstabensäckchen, Ole, Kapitän, Bilder: Euro, Europa, Eule, Euter

→ *Zwei Kinder werden ausgewählt: Eines spielt einen Baum mit Ast, an dem das Buchstabensäckchen hängt, und eines spielt die Eule.*

Heute kommt der Kapitän angelaufen und sagt: „Hallo Ole! Ich bin ganz aufgeregt, denn ich finde das Säckchen mit den Buchstabenbildern nicht mehr, obwohl ich schon das gesamte Boot abgesucht habe."
„Ich helfe dir beim Suchen. Gemeinsam werden wir es bestimmt finden", antwortet Ole. Gemeinsam machen sich Ole und der Kapitän auf die Suche nach dem Säckchen. Ole schaut sich um und entdeckt auf einmal ein Säckchen am Ast eines Baumes hängen. Er macht den Kapitän darauf aufmerksam und gemeinsam holen sie das Säckchen vom Baum herunter.
Da kommt eine Eule angeflogen und sagt: „Ach, gehört euch das Säckchen? Ich habe es gefunden. Als ich hineingeschaut habe, habe ich mich gewundert, dass darin nur Bilder sind, die mit den gleichen Buchstaben beginnen."
Der Kapitän erklärt der Eule, dass die Kinder in der Schule jede Woche neue Buchstaben lernen und immer ein Buchstabensäckchen bekommen. Der Kapitän überreicht Ole das Säckchen und sagt: „Ich wünsche euch viel Spaß beim Herausfinden, um welchen Buchstaben es sich in dieser Woche handelt!"

nn	
ll	ss

Diese Buchstabenverbindung wird zusammen mit den Themengeschichten (besondere Silbengelenke) eingeführt (▷ S. 53 und 54).

Pf
pf

Material zur Vorbereitung:
gefülltes Buchstabensäckchen, Ole, Musikantin, Bilder: Pfanne, Pferd, Pfeffer, Pfirsich, Pflaume

An einem schönen sonnigen Tag ist Ole auf dem Weg zu seinen Bärenfreunden. Sie wollen gemeinsam das schöne Wetter genießen und Erdbeeren pflücken. Auf dem Weg dorthin kommen sie an einer Pferdekoppel vorbei und streicheln erst einmal die Pferde. Ole unterhält sich mit der Musikantin. Sie sprechen über den neuen Buchstaben der Woche. Sie erzählt Ole, dass er in dieser Woche zwei neue Buchstaben kennenlernen wird, die wiederum aus zwei Buchstaben bestehen.

Ole fragt nach: „Werden wir diese Woche wirklich zwei Mal eine neue Geschichte und dann auch zwei Mal neue Wörter der Woche bekommen?" „Ja, so ist es!", antwortet die Musikantin.

„Also, die zwei Buchstaben, die ihr gleich herausfinden und dann schreiben sollt, gehören auf meinen Platz. Sie gehören zusammen und klingen wie ein Buchstabe. Ich wünsche euch viel Spaß beim Herausfinden, um welche Buchstaben es sich heute handelt!"

→ *Die Kinder erraten, dass es sich um <pf> handelt. An die Tafel werden die Wörter der Woche wie folgt geschrieben und anschließend ergänzt:*

____anne, ____erd, ____effer, ____irsich,

____lanze, ____laume

Es können weitere Wörter gesammelt werden:

____efferminze, ____eife, …

Qu
qu

Material zur Vorbereitung:
gefülltes Buchstabensäckchen, Ole, Musikantin, Bilder: Qualle, Quelle, Quitte, Quark, Quatsch

Ole ist schon ganz aufgeregt wegen der neuen Buchstaben. „Welche das wohl sind?", denkt er. „Die Musikantin hat ja erzählt, dass es wieder zwei sein werden. Und wenn sie das erzählt hat und sie am Anfang des Bootes sitzt, heißt es ja vielleicht auch, dass diese Buchstaben am Anfang der Wörter der Woche vorkommen. Sie ist ja die Bärin, die mehrere Buchstaben bei sich hat."

Weil Ole ganz in Gedanken ist, merkt er gar nicht, dass die Musikantin schon längst neben ihm steht und ihn anlächelt.

Sie gibt ein paar Hinweise auf die neuen Buchstaben:

„Einen der zwei Buchstaben kennt ihr schon. Wenn er mit dem neuen Buchstaben der Woche zusammen ist, wird er anders ausgesprochen. Zusammen stehen die beiden immer am Wortanfang. Denkt mal an das Geräusch, das Frösche machen, dann könnt ihr erraten, wie die beiden Buchstaben zusammen ausgesprochen werden.

Ich habe auch noch ein Quatschgedicht für euch, das euch beim Herausfinden hilft."

Das Quatschgedicht
Pfeifen quaken? Aber nein!
Quieken tut das kleine Schwein,
Kinder quengeln stets so laut,
Dass das Pferd verwundert schaut.
Und der Pfau, der schlägt ein Rad,
Sodass das Quengeln ein Ende hat."

→ *Die Kinder erraten, dass es sich um den Laut /kw/ handelt. Die Lehrkraft erklärt, dass der Laut <qu> geschrieben wird.*

ck
tz

Diese Buchstabenverbindung wird zusammen mit den Themengeschichten (besondere Silbengelenke) eingeführt (▷ S. 53 und 54).

ng
pf

Diese Buchstabenverbindung wird zusammen mit den Themengeschichten (besondere Silbengelenke) eingeführt. Es wird darauf hingewiesen, dass <pf> am Anfang, aber auch im Wortinnern und bei Einsilbern auch am Ende stehen kann (▷ S. 54).

ch
sch

Diese Buchstabenverbindung wird zusammen mit den Themengeschichten (besondere Silbengelenke) eingeführt (▷ S. 54).

Ö	Ü
ö	ü

Die Umlaute werden im Zusammenhang mit morphologischen Themengeschichten eingeführt (▷ S. 55).

Ä
ä

Die Umlaute werden im Zusammenhang mit morphologischen Themengeschichten eingeführt (▷ S. 56).

Äu
äu

Die Umlaute werden im Zusammenhang mit morphologischen Themengeschichten eingeführt (▷ S. 56).

V
v

Material zur Vorbereitung:
gefülltes Buchstabensäckchen, Ole, Musikantin, Bilder: Vogel, Vulkan, Vase, vier, Vanilleeis

Ole geht zum Bärenboot und setzt sich neben die Musikantin: „Hallo liebe Musikantin! Kannst du mir eine schöne Buchstabengeschichte erzählen?"

Das Bärenmädchen überlegt und sagt: „Ja, ich kenne eine schöne Geschichte. Die muss ich den Kindern und dir unbedingt erzählen. Sie heißt ‚Vera und der Vogel'.

Damals, als sich die Menschen die Schrift ausgedacht haben, gab es in einem kleinen Dorf zwei Freunde. Vera war ein siebenjähriges, fröhliches Mädchen. Ihr Freund war ein kluger Vogel, der so schlau war, dass er bei der Entwicklung des Alphabets mitbestimmen durfte.

An einem sonnigen Nachmittag trafen sich Vera und der Vogel. Der Vogel erzählte von seiner Arbeit und sagte: „Du Vera, meine Kollegen und ich, wir sind fast fertig mit dem ABC. Meine Kollegen finden, dass ich sehr fleißig war und zur Belohnung darf ich einen Buchstaben erfinden, den man nicht unbedingt braucht, aber der an mich erinnert."

„Das ist ja super!", rief Vera begeistert: „Wir nehmen einen Buchstaben, der sich anhört wie der Anfang von Vera, also wie /w/, und von Vogel, also wie /f/. Dann suchen wir uns einige Sachen, die wir besonders mögen und schreiben sie auf eine Liste. All diese Sachen sollen am Anfang diesen besonderen Buchstaben haben, auch wenn sie unterschiedlich klingen!"

Und dann ging es los. Vera schlug das Wort *Vater* vor, denn sie mochte ihren Vater sehr gern. Außerdem hatte sie eine schöne Vase, in die sie Blumen stellte und sich daran erfreute. So kam es, dass die Wörter *Vater* und *Vase* auf die Liste geschrieben worden sind. Der Vogel hatte als Lieblingszahl die Vier, außerdem aß er sehr gern ganz viel Vanilleeis und wollte, dass die Schale mit dem Vanilleeis immer voll blieb. So schrieb der Vogel die Wörter *vier*, *viel*, *Vanilleeis* und *voll* auf die Liste. Da Vera und der Vogel gern zusammen Video guckten, kam auch dieses Wort auf ihre Liste. Dann fiel ihnen noch *Vetter* und *Vulkan*, *Vitamine* und *Volk* ein.

Am Abend war die Liste endlich fertig und enthielt folgende Wörter: *Vera*, *Vogel*, *Vater*, *Vase*, *vier*, *voll*, *viel*, *Vanilleeis*, *Video*, *Vetter*, *Vulkan*, *Vitamine*, *Volk*. Der Vogel brachte die Liste am nächsten Tag seinen Kollegen und erhielt für diese Wörter einen eigenen Anfangsbuchstaben.

Keiner weiß, ob diese Geschichte stimmt, jedoch auch heute sagt man noch oft zu diesem Buchstaben Vogel-V."

→ *Folgender V-Spruch kann gesprochen werden:*
„Vier dumme Sprüche:
Viele Vögel fliegen vorbei.
Vater und Vetter schauen Video.
Der Vulkan ist voller Vampire.
Vitamine braucht das Volk!"

C
c

Material zur Vorbereitung:
gefülltes Buchstabensäckchen, Ole, Musikantin, Bilder: Clown, Campingplatz, Computer, Cent

Ole hat ein interessantes Wochenende hinter sich. Er hat viele schöne Dinge unternommen. Ganz in Gedanken versunken träumt er vom Wochenende. Er träumt von den coolen Clowns, die ganz viel Unsinn gemacht haben, von dem Campingplatz, auf dem er mit seinen Eltern war, ... und merkt dabei gar nicht, dass die Musikantin schon neben ihm steht und ihn anlächelt.

„Ole, ich freue mich, dich zu sehen", sagt sie. „Ich habe ja schon gehört, was du alles unternommen und auf dem Campingplatz erlebt hast. Hier hast du das Buchstabensäckchen mit den Bildern. Ein Hinweis: Der Buchstabe der Woche klingt häufig wie ein K, es ist aber keines.

Na, wisst ihr, um welchen Buchstaben es sich handelt in dieser Woche?"

→ *Die Kinder erraten, dass es sich um das <c> handelt.*

X	Y
x	y

Material zur Vorbereitung:
gefülltes Buchstabensäckchen, Ole, Musikantin, Bilder: Xylofon, Yacht, Yoga

Heute hat sich Ole mit der Musikantin verabredet. Sie wollen sich am Bärenboot treffen.
„Hallo!", ruft Ole schon von Weitem und winkt. Die Musikantin winkt zurück und sagt: „Hallo Ole! Ich freue mich, dich zu sehen. Ich habe dir heute zwei neue Buchstaben und zu jedem ein kleines Rätsel mitgebracht." Ole sagt: „Au ja, au fein! Das finde ich schön." Neugierig wartet er auf die Rätsel.
„Also, unsere Buchstaben der Woche sind eher selten und die Wörter, in denen sie vorkommen, muss man sich gut merken.
Der eine Buchstabe der Woche klingt wie /ks/. Der Buchstabenname wird „iks", ausgesprochen. Es ist der 24. Buchstabe in unserem Alphabet.
Na, wisst ihr, welcher es ist?"

→ *Die Kinder raten. Es handelt sich um das <X>.*

„Das war gar nicht so leicht! Jetzt kommt das Rätsel für unseren zweiten Buchstaben der Woche: Wer kennt ihn?

Im Labyrinth ist er versteckt,
auch in der Pyramide er steckt,
der Teddy hat ihn ganz am Schluss,
jeder coole Typ ihn kennen muss.

Ich bin ja mal gespannt, wer von euch dieses Rätsel lösen kann! Viel Spaß dabei!"

aa	
ee	oo

Material zur Vorbereitung:
gefülltes Buchstabensäckchen, Ole, Kapitän, Bilder: Waage, Paare, Tee, Schnee, Zoo, Boot

Ole geht voller Erwartungen zum Bärenboot und ist ganz gespannt, was er in dieser Woche Neues lernt. Ole begrüßt den Kapitän: „Hallo! Ich freu mich, dich zu sehen!"
Der Kapitän sagt: „Hallo Ole! Diese Woche habe ich besonders viel Arbeit. Max hat frei und ich muss dann länger arbeiten. Das ist ja auch sonst manchmal so, aber in dieser Woche ist es besonders viel. Ich habe diese Woche immer zwei gleiche Buchstaben. Es sind nur wenige Wörter, bei denen das so ist. Die musst du dir merken! Viel Spaß wünsche ich dir und den Kindern!"

Bildkarten

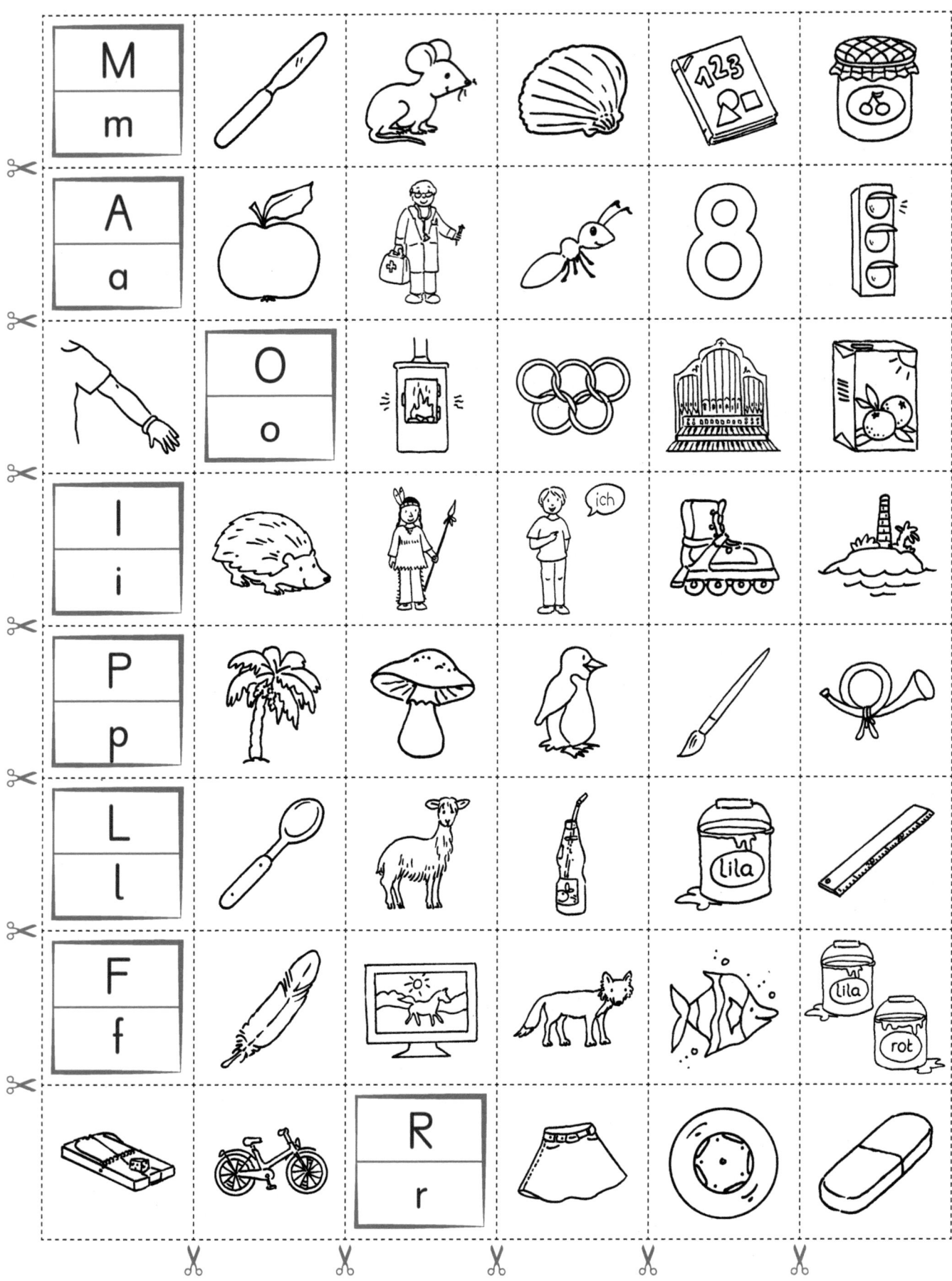

		rot	**S** / **s**		
			E / **e**
					N / **n**
		Leo			**H** / **h**
U / **u**					**B** / **b**
					W / **w**
					G / **g**

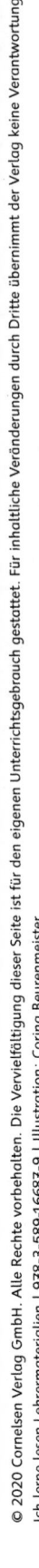

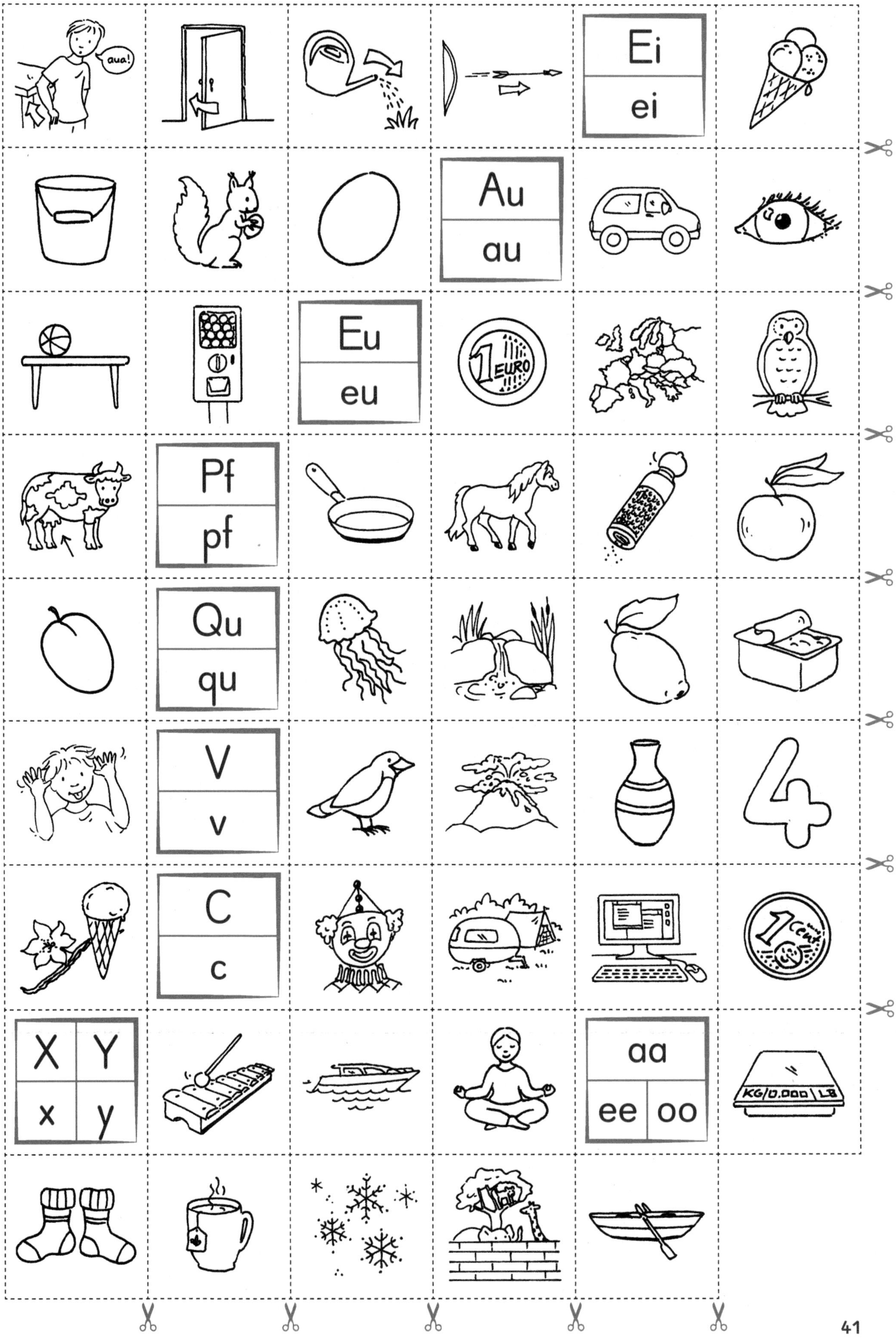
aua!
Ei
ei
Au
au
Eu
eu
1 EURO
Pf
pf
Qu
qu
V
v
4
C
c
1 Cent
X Y
x y
aa
ee oo
KG/0.000 LB

7. Themengeschichten mit fachlichem Kommentar

Zu Arbeitsheft 1 Teil 1: Den Zweisilber entdecken

THEMA › Blaue und rote Buchstaben

Dazugehöriger Buchstabe ›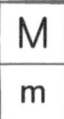

Fachlicher Kommentar

Vokal- und Konsonantenbuchstaben haben eine unterschiedliche Funktion bei der Wortschreibung. Ein Vokalbuchstabe muss in jeder Silbe als Kern enthalten sein, während die konsonantischen Anfangs- und -endränder entfallen können (Ei, bei, Bein). Kindern im Anfangsunterricht fällt es jedoch schwer, Vokale im Lautstrom zu analysieren, weshalb die Vokalbuchstaben häufig in ihren Wortschreibungen fehlen. Die farbliche Markierung ist eine Lernhilfe, um die besondere Funktion der Vokale von Anfang an ins Blickfeld zu rücken.

Geschichte

Material: Kapitän, Ole, Buchstabenboot und Bullauge, Arbeitsheft 1
Die Kinder sitzen im Halbkreis oder Kinositz vor dem **Buchstabenboot**. Die Geschichte wird vorgelesen und von zwei Kindern mit den Figuren **Ole** und **Kapitän** gespielt.

Ole ist stolz, dass er schon einen Buchstaben kennt. Er möchte aber noch mehr wissen. Wie viele Buchstaben gibt es wohl? Warum ist das <m> schwarz? Plötzlich steht der Kapitän neben Ole und sagt: „Hallo Ole, ich bin der Kapitän. Hast du Lust, das Buchstabenboot kennenzulernen?" Ole nickt. „Gemeinsam betrachten sie das Buchstabenboot und die Bärenwörter. Der Kapitän erklärt: „Im Segel siehst du rote und schwarze Buchstaben. Die roten Buchstaben heißen Selbstlaute oder Vokale, die schwarzen Mitlaute oder Konsonanten. Es gibt auch besondere schwarze Buchstaben. Sie sind im

Rumpf des Bootes abgedruckt. Im Bullauge des Schiffes siehst du Bärenboote mit zehn Bärenwörtern." Ole ist etwas blass. Der Kapitän merkt das und lächelt: „Keine Angst Ole, das musst du dir noch nicht alles merken. Jede Woche wird dir ein Buchstabe vorgestellt. Manche davon kennst du schon und andere sind für dich neu. Du hast also genug Zeit und kannst dich darauf freuen." Ole ist erleichtert. Er betrachtet das Buchstabenboot: „Da ist ja auch ein Bild von dir und anderen Bären darauf." Der Kapitän guckt ihn freundlich an: „Meine Bären vom Bärenboot und ich werden dir nach und nach alle wichtigen Geheimnisse der Schrift verraten und dir so beim Lesen- und Schreibenlernen helfen." Ole freut sich. Er guckt noch einmal auf das Boot: „Einen schwarzen Buchstaben habe ich ja auch schon im Unterricht kennengelernt", ruft er fröhlich und zeigt auf das <M, m>. „Wie heißt er denn?", fragt der Kapitän. Ole wird rot, das hat er jetzt vor Aufregung vergessen. Er fragt die Kinder: „Könnt ihr mir helfen?"
Die Kinder antworten: „<M> wie Mantel."
„Der Anfangsbuchstabe meines Namens ist auch in dem Boot, er ist rot", ruft Ole und zeigt auf das <O>. Der Kapitän lobt Ole: „Ja, es ist das <O> wie …?"
Ein Kind antwortet: „<O> wie Ofen."
„Lasst uns weitere Anfangsbuchstaben finden", ruft der Kapitän den Kindern zu.

→ *Die Kinder suchen und nennen ihre Anfangsbuchstaben. Anschließend basteln sie ein Namensschild und schreiben darauf ihren Namen in Rot und Blau auf.*

THEMA › Wörter bestehen aus Silben I

Dazugehörige Buchstaben ›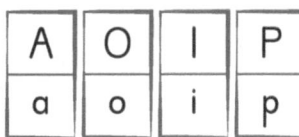

Fachlicher Kommentar

Die Silbe stellt das zentrale Prinzip der deutschen Wortschreibung dar und ist das Verbindungsglied zwischen dem alphabetischen und dem Stammprinzip. Über den Silbenschnitt ist die Aussprache von Lang- und Kurzvokalen zu ermitteln. Prototypisch für den deutschen Wortschatz ist der Zweisilber mit einer betonten und unbetonten Silbe (O-le). Er bildet in der ersten Klasse die Lerngrundlage, Kinder erwerben bereits beim Sprechenlernen die Fähigkeit, Silben zu erkennen. Demgegenüber können viele Kinder bei der Einschulung noch keine Einzellaute heraushören. Daher setzt die Arbeit mit Silben an den Lernvoraussetzungen aller Kinder an.

Geschichte

Material: Ole, Kapitän
Am besten spielt man diese Geschichte in der Turnhalle oder auf dem Schulhof.
Die Kinder sitzen am Anfang im Kreis. Die Geschichte wird vorgelesen. Zwei Kinder spielen begleitend die Figuren.

Ole sieht den Kapitän, er winkt ihm. Der Kapitän kommt zu ihm und fragt: „Hallo Ole, hast du Lust auf ein Spiel mit Wörtern?" Ole nickt, er spielt gern. Der Kapitän erklärt ihm: „Alle Wörter bestehen aus Silben. Du kannst durch Klatschen herausfinden, wie viele Silben ein Wort hat. Ich mache es dir einmal vor: O-le." Bei dem Wort klatscht der Kapitän zweimal in die Hände.

→ *Die Kinder klatschen ebenfalls das Wort.*

„Das Wort Ole hat also zwei Silben. Findest du heraus, wie viele Silben das Wort Mama hat?"

→ *Die Kinder helfen Ole. Das Gleiche wird ausprobiert bei den Wörtern der Woche (Mama, Oma, Omi, Mami, Papa, Papi, Opa, Opi), aber auch mit den Namen der Kinder. Alle Wörter sind bei diesem Spiel möglich (Hängematte, Laternenumzug, Erbsensuppe usw.).*

Spiel auf dem Schulhof oder in der Turnhalle
Die Lehrkraft steht auf der einen Seite der Turnhalle, die Kinder stehen auf der anderen Seite. Die Kinder rufen: „Nenn uns dein Lieblingswort." Die Lehrkraft nennt ein Wort. Die Kinder hüpfen entsprechend der Silben in Schlusssprüngen auf die Lehrkraft zu. Dann rufen sie erneut. Wer als Erster die Lehrkraft erreicht hat, hat gewonnen. Mit etwas Übung kann auch ein Kind die Lehrerrolle übernehmen. Die Wortauswahl

ist egal, besonders Wörter mit vielen Silben sind geeignet (Schultüte, Schulranzen, Klassenzimmer, Pausenklingel ...).

→ *Die Geschichte mit den beiden Spielen wird bei den Buchstaben <A, a; O, o; I, i; P, p> immer wiederholt, sodass die Kinder ihr Gefühl für Silben stärken.*

Weiterhin lernen die Kinder, Silbenbögen unter die Wörter im Arbeitsheft zu malen. Dies wird von der Lehrkraft an der Tafel demonstriert und von einigen Kindern ausgeführt. Dabei kommt es darauf an, dass die Silbenbögen im Zweisilber genau am Silbenschnitt zusammenstoßen.

THEMA   Kein Silbenbogen ohne Selbstlaut

Dazugehörige Buchstaben: T t | L l | F f | R r

Fachlicher Kommentar

Die Kinder wissen bereits, dass die roten Bären bei jedem Wort dabei sind. Um dies zu verstehen und begrifflich darüber reden zu können, entdecken sie mithilfe von Silbenbögen und farblicher Markierung, dass in jeder Silbe ein Selbstlaut steht. Damit wird den häufigen „Anfängerfehlern" entgegengewirkt, Wörter ohne Vokale zu schreiben. In dieser Stunde arbeiten die Kinder mit Ein- und Zweisilbern.

Geschichte

Material: Ole, der Kapitän, die Kapitänsfrau
Die Kinder sitzen wieder im Kinositz oder Halbkreis. An der Tafel sind ein Boot mit einem Silbenbogen sowie das Bärenboot angezeichnet. An der Seite stehen vier Wörter der Woche (es können auch zwei oder alle sechs sein).

Heute kommen die Kapitänsfrau und der Kapitän auf Ole zu. Sie geben ihm zur Begrüßung freundlich die Hand. Der Kapitän sagt: „Hallo Ole. Soll ich dir ein Geheimnis erzählen?" Ole ist sofort wieder aufgeregt und nickt. Die Kapitänsfrau meldet sich zu Wort: „Erinnerst du dich noch an die Farben? Es gibt Buchstaben mit unterschiedlichen Farben." Ole wird rot, er hat es vergessen. Er fragt die Kinder: „Könnt ihr mir helfen?"

→ *Die Kinder sagen, dass es rote und schwarze Buchstaben gibt.*

Der Kapitän lobt: „Ja genau, es gibt rote Buchstaben, sie heißen auch Selbstlaute und schwarze Buchstaben, sie heißen Mitlaute. Meine Frau und ich sind für die roten Buchstaben, die Selbstlaute, zuständig. Kennst du schon rote Buchstaben?" Wieder wird Ole rot. Er hat es einfach vergessen. Er guckt fragend zu den Kindern.

→ *Die Kinder nennen die Buchstaben A, O und I. Vielleicht können einige auch schon E, U, Ä, Ö oder Ü nennen.*

Die Kapitänsfrau erklärt: „Heute geht es nur um die Selbstlaute A, O, I. Du bekommst von uns vier Wörter. Guck, sie stehen bereits an der Tafel. Vielleicht kann ein Kind sie vorlesen?"

→ *Ein Kind liest: Tim, Tom, Papa, Opa.*

Der Kapitän sagt: „Super. Lasst uns die Wörter zusammen lesen und dabei die Silben klatschen."

→ *Alle klatschen und lesen die Wörter gemeinsam.*

„Lasst uns nun die Silbenbögen genau einzeichnen", sagt der Kapitän.
Nun meldet sich die Kapitänsfrau zu Wort: „Du siehst Bärenboote und kleine Boote. Frag` die Kinder, welche Wörter in welches Boot gehören."

→ *Die Kinder ordnen einsilbige Wörter (Tim, Tom) dem kleinen Boot und zweisilbige Wörter dem Bärenboot zu. Die Lehrkraft oder ein Kind trägt die Wörter richtig ein.*

Die Kapitänsfrau freut sich: „Das haben die Kinder und du super gemacht, Ole. Es ist auf den ersten Blick vielleicht etwas schwierig, aber glaubt mir, bald fällt es euch allen leicht. Jetzt wird es aber spannend. Wir haben Wörter mit zwei Silben und Wörter mit nur einer Silbe. Das erkennt man an den Silbenbögen. Nun geht es darum, ein wichtiges Geheimnis der Schrift herauszufinden. Ich gebe einen Tipp: Es hat etwas mit den roten Buchstaben und den Silbenbögen zu tun.

→ *Die Kinder raten. Die Lösung lautet: Es gibt keine Silbe ohne Selbstlaut. Anders gesagt: Kein Silbenbogen ohne Selbstlaut bzw. roten Buchstaben!*

Der Kapitän lobt die Kinder und Ole: „Nun kennt ihr eines der wichtigsten Geheimnisse der Schrift. Alles, was ihr schreibt, könnt ihr ab jetzt kontrollieren. Setzt einfach die Silbenbögen und kontrolliert, ob ihr einen roten Buchstaben in jeder Silbe geschrieben habt. Wir gratulieren euch zu dieser Lösung!"

→ *Die Geschichte wird analog zu den Buchstaben <L, l; F, f und R, r> durchgeführt. Der Anteil der Schülerbeteiligung soll dabei von Mal zu Mal gesteigert werden, sodass sie ihr Arbeitsheft immer selbstständiger bearbeiten können.*

THEMA ▶ Zweisilber/Bärenwörter: betonte erste Silbe, unbetonte zweite Silbe I

Dazugehöriger Buchstabe ▶

S
s

Fachlicher Kommentar

Aufbauend auf dem bisher Gelernten entdecken die Kinder die regelhafte Betonung im prototypischen Zweisilber: Die erste Silbe ist stets betont, die zweite unbetont.

Geschichte

Material: Ole, Kapitänsfrau
Die Kinder sitzen im Kinositz oder Halbkreis. Zwei Kinder spielen Ole und die Kapitänsfrau. Die Wörter der Woche stehen in Rot und Schwarz an der Tafel.

Die Kapitänsfrau klatscht immer wieder in die Hände. Ole sieht sie und fragt: „Was machst du da?" Die Kapitänsfrau lächelt: „Weißt du noch, wie viele Silben Bärenwörter haben?" Ole denkt nach. Er guckt sich um. Vielleicht können ihm die Kinder helfen.

→ *Die Kinder antworten, dass Bärenwörter zwei Silben haben.*

Die Kapitänsfrau fährt fort: „Das Besondere an Bärenwörtern oder Zweisilbern ist, dass immer die erste Silbe betont ist und die zweite unbetont. Lass uns die neuen Wörter der Woche lesen, die Silbenbögen machen und dann klatschen. Dann merkst du, was ich meine."

→ *Die Wörter der Woche werden gemeinsam gelesen. Die Silbenbögen werden eingezeichnet. Nun werden die Wörter geklatscht. Die erste Silbe wird stark geklatscht, da sie betont ist. (Es empfiehlt sich, diese auf Kopfhöhe zu klatschen.) Die zweite Silbe wird sanft geklatscht, weil sie unbetont ist. (Es empfiehlt sich, diese mit geneigtem Kopf auf Bauchhöhe zu klatschen.)*

Wörter der Woche:

Sa-ra, So-fa, La-ra, O-mi, ro-sa, Ma-mi

THEMA Zweisilber/Bärenwörter: betonte erste Silbe, unbetonte zweite Silbe II

Dazugehörige Buchstaben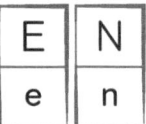

Fachlicher Kommentar

Der Kern der zweiten Silbe ist in der Regel ein <e>, der sogenannte Schwalaut. Die Kinder sollen den Zusammenhang von geschriebener und gesprochener Wortform erkennen, diesmal bezogen auf die zweite, unbetonte Silbe.

Geschichte

Material: Ole, Kapitänsfrau
Die Kinder sitzen im Kinositz oder Halbkreis. Zwei Kinder spielen Ole und die Kapitänsfrau. Die Wörter der Woche stehen in Rot und Schwarz an der Tafel.

Auch heute klatscht die Kapitänsfrau wieder. Ole geht zu ihr. Er hat sich gemerkt, dass die erste Silbe betont und die zweite unbetont ist. Freundlich

sieht die Kapitänsfrau ihn an: „Möchtest du heute meinen Lieblingsbuchstaben kennenlernen? Er ist etwas ganz Besonderes, denn er wird in der zweiten Silbe besonders interessant ausgesprochen." Ole staunt: „Ich dachte, du und der Kapitän, ihr teilt euch alle Buchstaben." Die Kapitänsfrau lächelt: „Viele rote Buchstaben sehen beim Schreiben gleich aus. Beim Sprechen hören sie sich jedoch anders an. Mein Lieblingsbuchstabe ist das unbetonte <e>. Ich nenne es auch Bummel-e, weil es oft einfach vergessen wird." Ole denkt nach. Es leuchtet ihm ein, dass der Kapitän kein unbetontes <e> haben kann, da er ja im Boot in der ersten Silbe sitzt. Die Kapitänsfrau holt Ole aus seinen Gedanken: „Lass uns die neuen Wörter der Woche gemeinsam lesen, die Silbenbögen machen und klatschen. Dabei hören wir genau auf den besonderen Klang des Bummel-e."

→ *Die Kinder lesen die Wörter der Woche, machen die Silbenbögen und klatschen die Wörter. Dabei wird besonders auf das <e> in der zweiten Silbe geachtet.*

Wörter der Woche:

Rose, Lose, Esel, Tafel, Tiere, Riese

→ *Die Geschichte wird analog zu dem Buchstaben <N, n> durchgeführt. Der Anteil der Schülerbeteiligung soll dabei gesteigert werden.*

Wörter der Woche:

Noten, Namen, rasen, raten, malen, lesen

THEMA Zweisilber/Bärenwörter: betonte erste Silbe, unbetonte zweite Silbe III

Dazugehöriger Buchstabe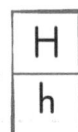

Fachlicher Kommentar

Die Kinder sollen den regelhaften Zusammenhang zwischen Schreibweise und Aussprache bei unbetonten Silben auf <er> erkennen. Die wenigen Ausnahmen davon lernen sie als Merkwörter mithilfe eines Merkspruches.

Geschichte

> **Material: Ole, Kapitänsfrau, Maxi**
> Die Kinder sitzen im Halbkreis oder im Kinositz vor der Tafel. Auf der Tafel stehen in Rot und Schwarz und mit Silbenbögen die neuen Wörter der Woche. Die Tafel ist noch zugeklappt.

> Ole geht spazieren. Da sieht er die Kapitänsfrau mit ihrer Freundin Maxi. Stolz sagt Ole: „Ich habe mir das Bummel-e in der zweiten Silbe gemerkt." Die Kapitänsfrau lächelt freundlich. Da ergreift Maxi das Wort: „Ja, ja, das Bummel-e zu kennen, ist schon eine tolle Sache. Aber noch besser ist es, wenn man das verzauberte Bummel-e kennt." Ole ist ganz aufgeregt. Zaubern findet er toll, er bittet Maxi: „Bitte zeige mir den Zauber." Maxi ist einverstanden und sagt: „Ich nenne dir die neuen Wörter der Woche und du achtest auf die zweite Silbe: Ha-fer *(sprich: Ha-fa)*, Pe-ter *(sprich: Pe-ta)*, Me-ter *(sprich: Me-ta)*, Ta-ler *(sprich: Ta-la)*, Ma-ler *(sprich: Ma-la)*, Le-ser *(sprich: Le-sa)*." Ole überlegt, dann sagt er empört: „Aber das hört sich in der zweiten Silbe so an wie ein a und nicht wie ein e." Maxi lacht: „Gut aufgepasst und da ist genau der Zauber. Du hörst es normalerweise nicht. Aber es ist da. Pass auf!" Maxi klappt die Tafel auf, sodass die neuen Wörter der Woche sichtbar werden. Sie unterstreicht bei jedem Wort das <er> in der zweiten Silbe. Die Kapitänsfrau meldet sich zu Wort: „Manchmal gibt es einen Unterschied zwischen der gesprochenen und der geschriebenen Sprache." Maxi fügt hinzu: „Der Zauberspruch heißt: <u>„Ich höre /a/ in der zweiten Silbe, ich schreibe <er>."</u> Ole ist verblüfft. Er lässt die Kinder die Wörter der Woche vorlesen und achtet auf die richtige Aussprache.

→ *Die Kinder lesen die Wörter und sprechen sie richtig, d. h. mit /a/ in der zweiten Silbe aus.*

Wörter der Woche:
Hafer, Peter, Meter, Taler, Maler, Leser

> „Ist das immer so?", fragt Ole. Die Kapitänsfrau antwortet: „Ja, das gilt für fast alle Wörter. Nur wenige Wörter sind ausgeschlossen." Maxi mischt sich ein: „Ein paar Ausnahmen gibt es, aber die sind leicht gemerkt. Stell dir einfach folgendes Bild vor: <u>Oma, Opa, Mama, Papa sitzen auf dem rosa, lila Sofa und essen eine Pizza.</u> Wenn du dir diesen Satz merkst, kennst du alle wichtigen Ausnahmen. Ole lächelt zufrieden. Er ist davon begeistert, die Schrift zu entdecken.

THEMA ❯ Zweisilber/Bärenwörter: betonte erste Silbe, unbetonte zweite Silbe IV

Dazugehöriger Buchstabe
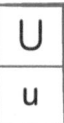
U / u

Fachlicher Kommentar

> Die Kinder sollen ihr bisher erworbenes Wissen zur Betonung in Zweisilbern anwenden. Sie sollen die Abfolge von betonter und unbetonter Silbe im prototypischen Zweisilber erkennen. Zudem sollen sie ihr Wissen festigen, dass in der zweite Silbe der Vokal fast immer ein <e> ist.

Geschichte

> **Material: Ole, Kapitänsfrau**
> Die Kinder sitzen im Halbkreis oder im Kinositz. Auf der Tafel stehen in Rot und Schwarz und mit Silbenbögen die neuen Wörter der Woche. Die Tafel ist noch zugeklappt.

> Heute besucht die Kapitänsfrau Ole. Sie begrüßt ihn freundlich und sagt: „Hallo Ole, heute tauschen wir die Rollen. Ich zeige dir die neuen Wörter der Woche und du erklärst mir daran alles, was du über das Bummel-e und das verzauberte Bummel-e weißt." Ole fühlt sich geschmeichelt. Trotzdem fragt er vorsichtshalber: „Wenn ich mal nicht weiter weiß, können mir die Kinder dann helfen?" Die Kapitänsfrau nickt freundlich. Dann klappt sie die Tafel auf und zeigt Ole die neuen Wörter der Woche.

→ *Die Kinder erklären mit Ole die neuen Wörter der Woche. Die Kapitänsfrau lobt sie dafür.*

Wörter der Woche:
→ Bummel-e: unbetontes <e> in der zweite Silbe; Wörter: hupen, rufen, Lupe, Hupe
→ verzaubertes Bummel-e: Ich höre /a/ in der zweite Silbe, ich schreibe <er>; Wörter: Ufer, super

(Ausnahmen: Oma, Opa, Mama, Papa sitzen auf dem rosa, lila Sofa und essen eine Pizza.)

Zu Arbeitsheft 1 und 2 Teil 2: Kurze und lange Vokale entdecken

THEMA > Langes e, langes a, langes o, langes u

Dazugehörige Buchstaben >

B	G	J	Sch
b	g	j	sch

Fachlicher Kommentar

Die Kinder sollen ihr bisher erworbenes Wissen zur betonten Silbe anwenden und festigen. Sie sollen weiterhin erkennen, dass der Vokal in einer offenen betonten Silbe (ohne Silbenendrand) lang gesprochen wird und dies kindgerecht begründen können („weil der Matrose nicht dabei ist und der Kapitän lang arbeiten muss."). Dass sie diesen Zusammenhang verstehen, bildet die Lerngrundlage für die Folgestunde, in der die geschlossene Silbe eingeführt wird. Dabei sollen sie analog erkennen, dass der Vokal in der geschlossenen betonten Silbe (mit Silbenendrand) kurz gesprochen wird, „weil der Max dabei ist und der Kapitän daher nur kurz arbeiten muss". Dabei sollen die Kinder lernen, den Zusammenhang von Silbenstruktur und Aussprache kontrastiv zu erfassen.

Zusatzinformation zum Buchstaben <Sch, sch>:

Bei der Einführung des <sch> geht es darum, dass der Mehrgraph mit seinen drei Buchstaben der Silbenanfangsbärin (Musikantin) zuzuordnen ist und nicht auf die drei ersten Bären verteilt wird. Damit soll sich die Einsicht in die Silbenstruktur verfestigen, d.h., dass die Bären für einen bestimmten Teil der Silbe stehen (Anfangsrand, Kern, Endrand) und nicht für je einen Buchstaben. Später lernen sie <sch> auch im Wortinnern als besonderes Silbengelenk (z.B. mischen) oder als Anfangsrand der zweiten Silbe kennen (klatschen).

Geschichte

> **Material: Ole, Kapitän (am Anfang), das Bärenboot, später: alle restlichen Bären**
> Die Kinder sitzen im Halbkreis oder Kinositz vor der Tafel. Auf der Tafel stehen in Rot und Schwarz die neuen Wörter der Woche. Die Tafel ist noch zugeklappt.

Ole sieht den Kapitän auf sich zukommen. Gestern hat er ihn bereits getroffen und ihm alles über das Bummel-e erzählt. Der Kapitän hat versprochen, ihm heute das Besondere der roten Buchstaben zu erzählen. Er sagt: „Die roten Buchstaben in der ersten Silbe können lang und kurz sein." Ole guckt den Kapitän fragend an. Darunter kann er sich nichts vorstellen. Doch der Kapitän erklärt es ihm: „Das kannst du dir an einer Geschichte merken. Setz dich gemütlich hin, dann hole ich die restlichen Bären und wir spielen dir vor, was sich ereignet hat." Ole ist gespannt. Der Kapitän erklärt, dass die Lehrkraft die Geschichte vorliest und die Bären sie spielen. Die restlichen Bären kommen und setzen sich vor das Boot. Die Geschichte kann beginnen:
An einem schönen Tag wollten die Bären einen Ausflug auf ihrem Boot machen. Das Boot war in letzter Zeit dreckig geworden und so überlegten sich die Bären, einen Putztag zu veranstalten, damit alles bei der Abfahrt blinkt. Der Kapitän und seine Frau hatten überlegt, dass sie gegen Mittag fertig sein müssten, wenn alle mithelfen. Danach wollten sie losfahren. So kümmerte sich jeder um seinen Platz. Nur der Platz von Max blieb leer.

→ *Die Kinder setzen die Bären ohne Max an die richtige Stelle ins Boot. (Musikantin, Kapitän, leerer Platz, Paul, Kapitänsfrau, Maxi)*

> Der Matrose Max hatte bei einem Fest am Vorabend eine sehr hübsche Bärin kennengelernt. Am nächsten Tag hatte er sich mit ihr verabredet und verbrachte einen wunderschönen Tag mit ihr. Die anderen Bären waren verärgert, vor allem der Kapitän musste nun richtig **lang** arbeiten, da ja die Arbeit des Matrosen auch noch gemacht werden musste. Als der Matrose abends wieder zum Boot kam, schimpfte der Kapitän: „Wegen dir musste ich

ganz **lang** arbeiten und unseren Ausflug können wir erst morgen machen." Der Matrose entschuldigte sich und erklärte: „Es tut mir sehr leid, dass du so **lang** arbeiten musstest. Aber ich bin so verliebt. So eine schöne Bärin trifft man nicht alle Tage. Und das gönnst du mir doch, oder?" Der Kapitän erinnerte sich an den Tag, als er seine Kapitänsfrau kennengelernt hatte. Da musste er lachen und war nicht mehr böse

Ole klatscht. Die Geschichte gefällt ihm. Max und der Kapitän kommen zu ihm. Der Kapitän erklärt ihm: „Max kümmert sich mit mir, Paul und meiner Frau um die Technik des Bootes. Ich brauche Max, damit es schneller geht. Die Musikantin oder Maxi können auch einmal zu Hause bleiben, ohne dass ich länger arbeiten muss. Fehlt aber Max in einem Bärenwort, so ist mein roter Buchstabe immer lang. Du kannst diesen Buchstaben lang aushalten und er klingt auch anders als ein kurzer Vokal/Selbstlaut. Probiere es doch gleich mal mit dem langen <e> in den neuen Wörtern der Woche aus."

→ *Die Tafel wird aufgeklappt. Die Kinder analysieren die Wörter, indem sie die Wörter in die Struktur des Bärenbootes eintragen und das Fehlen von Max thematisieren.*

Wörter der Woche, langes <e>:
Esel, heben, Besen, lesen, leben, neben

Die Geschichte wird analog zum langen <a>, langen <o> und langen <u> erzählt. Der Erzählanteil der Kinder soll sich dabei von Mal zu Mal steigern. Die Kinder können sich auch neu ausdenken, warum der Max mal wieder nicht im Boot war.

Wörter der Woche, langes <a>:
Gabel, sagen, fragen[2], Hase, malen, Nase

Wörter der Woche, langes <o>:
Jojo, Oma, Opa, Hose, Rose, Ofen

Wörter der Woche, langes <u>:
Schule[3], Schuhe[3], Uhu, Blume[3], Bluse[3], Kugel

---

[2] Die Musikantin und manchmal auch Paul und Maxi dürfen auch mehrere Buchstaben tragen. Sie ist als Musikantin sehr kreativ und daher reicht ihr manchmal ein Buchstabe nicht aus. Sie kann bis zu vier Konsonanten als Silbenanfangsrand haben, z. B. <Sch>, <Bl.> (vgl. S. 9/10).

THEMA › Kurzes e, kurzes a, kurzes o, kurzes u, kurzes i

Dazugehörige Buchstaben ›

W	K	D	St	Z
w	k	d	st	z

Fachlicher Kommentar

In dieser Stunde wird die geschlossene Silbe kontrastiv zur offenen Silbe eingeführt. Hier ist der Matrose Max mit im Boot, sodass der Kapitän nur kurz arbeiten muss. Es geht darum, dass die Kinder den Zusammenhang zwischen Schreibweise und Aussprache erfassen. Die Kinder sollen den kurzen Vokal heraushören, richtig aussprechen und begründet in einen Zusammenhang mit der Schreibweise bringen.

Zusatz zu <St, st>:
Bei der Einführung des <st> sollen die Kinder zum einen ihr Wissen anwenden, dass der Mehrgraph der Silbenanfangsbärin zuzuordnen ist. Darüber hinaus sollen sie erfahren, dass die Silbenanfangsrandbärin maximal vier Buchstaben tragen kann und es deshalb zu einer Abweichung von Schreibweise und Aussprache kommt. Würde man z. B. *Schtrumpf* so schreiben, wie man das Wort ausspricht, wäre das ein Buchstabe zu viel. Das Wort wäre schwer lesbar.

Geschichte

Material: Ole, Kapitän (am Anfang), später: alle restlichen Bären
Die Kinder sitzen im Halbkreis oder Kinositz vor der Tafel. Auf der Tafel stehen in Rot und Schwarz die neuen Wörter der Woche. Die Tafel ist noch zugeklappt.

Ole und der Kapitän treffen sich. Ole ist immer noch begeistert von der Geschichte zu den langen roten Buchstaben. Heute möchte er unbedingt erfahren, was es mit den kurzen roten Buchstaben auf sich hat. Der Kapitän sagt: „Kannst du dich eigentlich noch an das deutsche Wort oder an das Fremdwort für die roten Buchstaben erinnern?" Ole hat das völlig vergessen und fragt die Kinder.

→ *Die Kinder antworten: a, e, i, o, u sind Vokale bzw. Selbstlaute. (Die Lehrkraft hilft bei Bedarf.)*

Der Kapitän sagt weiter: „Die langen Selbstlaute hast du kennengelernt. Heute geht es um die kurzen. Das ist ganz einfach. Wenn Max dabei ist, geht die Arbeit viel schneller. So muss ich nur kurz arbeiten und dann ist auch mein roter Buchstabe kurz. Man kann ihn nicht lang aussprechen, da ja in der Silbe noch ein schwarzer Buchstabe kommt. Probiere es doch mit uns Bären und den neuen Wörtern der Woche aus."

→ *Die Tafel wird aufgeklappt. Die Kinder analysieren die Wörter, indem sie die Wörter in die Struktur des Bärenbootes eintragen und dabei erkennen, dass Max mit im Boot ist.*

Wörter der Woche, kurzes <e>:
Ente, Hefte, Eltern, Wespe, Weste, Erde

→ *Die Geschichte wird analog zum kurzen <a>, kurzen <o>, kurzen <u> und kurzen <i> erzählt. Der Erzählanteil der Kinder soll sich dabei von Mal zu Mal steigern.*

Wörter der Woche, kurzes <a>:
Kasper, Kante, Ampel, Mantel, Tante, Lampe

Wörter der Woche, kurzes <o>:
Dornen, Korken, Torte, Wolke, Worte, Orden

Wörter der Woche, kurzes <u>:
Stunde[3], Hunde, turnen, Schulden, Gurke, Murmel

Wörter der Woche, kurzes <i>:
stinken, zirpen, filzen, Pilze, Zirkel, Zirkus

---

[3] Die Musikantin darf mehrere Buchstaben tragen. Sie ist sehr kreativ und daher reicht ihr manchmal ein Buchstabe nicht aus. Dazu gehört auch <st>. Wichtig ist hier wie auch bei <sp> der Unterschied zwischen der gesprochenen und geschriebenen Sprache: Ich höre /scht/ (bzw. /schp/), ich schreibe <st> (<sp>).

THEMA Langes ie

Dazugehöriger Buchstabe

Sp
sp

Fachlicher Kommentar

Das lange /i/ wird regelhaft mit <ie> verschriftet. Dies lernen die Kinder mithilfe der „Sturmgeschichte" (s. u.). Sie lernen dabei, dass das <e> nicht gesprochen wird.

Das <sp> wird analog zum <st> eingeführt. Ein Beispielwort ist *sprießen*.

Geschichte

Material: Ole, Kapitän (am Anfang), später: alle restlichen Bären und das Bärenboot
Die Kinder sitzen im Halbkreis oder Kinositz vor der Tafel. Auf der Tafel stehen in Rot und Schwarz die neuen Wörter der Woche. Die Tafel ist noch zugeklappt.

Ole und der Kapitän sitzen gemütlich zusammen. Ole ist fasziniert vom Kapitän und seinen Geschichten. Er fragt: „Hast du mit den Bären auch schon einmal etwas Gefährliches erlebt?" Der Kapitän sieht Ole an und sagt: „Oh ja, das hatte auch etwas mit den langen Selbstlauten zu tun. Deine Lehrerin liest die Geschichte vor und die Bären spielen sie für dich nach."
An einem schönen Tag wollten die Bären mit dem Bärenwort *liegen* eine Bootsfahrt machen. Jeder Bär nahm seinen Buchstaben und es ging los: In der ersten Silbe nahm die Musikantin das <l> und der Kapitän nahm das <i>. Max war nicht dabei und so wusste der Kapitän, dass er lang arbeiten musste und ein langes <i> bei sich trug. In der zweiten Silbe nahm Matrose Paul das <g>, die Kapitänsfrau ihr Bummel-e und die Maxi das <n>. Dann ging es los. Das Boot legte ab. Als es bereits den Hafen verlassen hatte, lief Max zum Anleger. Er rief: „Kommt zurück, es ist heute zu gefährlich." Er hatte nämlich den Wetterbericht gehört und erfahren, dass es heute einen starken Sturm geben sollte. Aber es war zu spät, die Bären hörten ihn nicht mehr. Da zog der

Sturm auf und das Bärenboot schaukelte entsetzlich. Der Kapitän hatte alle Hände voll zu tun und ließ für einen Moment sein <i> unbeaufsichtigt. In diesem Moment kippte das <i> um. Mit Mühe und viel Glück erreichte das Bärenboot den Hafen. Alle waren froh, den Sturm überstanden zu haben. Als das Wetter wieder besser war, betrachteten die Bären ihr Bärenboot. Das Wort *liegen* konnte man nicht mehr lesen. Das <i> lag wie ein Minus mitten im Wort. Die Bären dachten nach. Das lange <i> war einfach zu dünn, um einen Sturm zu überstehen. Da meldete sich Maxi zu Wort: „Es ist eindeutig, das lange <i> fällt allein um, es braucht eine Stütze. Was haltet ihr davon, wenn wir dem langen<i> einen Buchstaben schenken, den man nicht hört, der es aber stützt und so gegen Sturm schützt? Ich dachte an ein nicht hörbares <e>." Die Bären waren begeistert. Sie holten ein<e> und stellten es neben das <i>. Seit diesem Tag wird ein langes <i> in deutschen Wörtern fast immer <ie> geschrieben.
Ole staunt. Das möchte er prüfen. Er klappt die Tafel mit den neuen Wörtern der Woche auf. Gemeinsam mit den Kindern überprüft er das lange <ie>.

→ *Die Tafel wird aufgeklappt. Die Kinder analysieren die Wörter, indem sie die Wörter in die Struktur des Bärenbootes eintragen und das Fehlen von Max thematisieren sowie die ie-Schreibung für das lange /i/ in der offenen Silbe.*

Wörter der Woche, langes <ie>:
Spiegel, spielen, Stiefel, Fliege, Stiere, schieben

THEMA Offene betonte erste Silbe, scharfes <ß> in der zweiten Silbe

Dazugehöriger Buchstabe β

Fachlicher Kommentar

Der Buchstabe <β> ist eine Besonderheit des deutschen Alphabets, mit dem das stimmlose /s/ als Anfangsrand der unbetonten Silbe verschriftet wird (Fü-βe). Die Unterscheidung des stimmlosen und stimmhaften /s/ ist für viele Kinder schwer zu leisten. Um das <β> richtig anzuwenden, ist es jedoch unabdingbar zu erkennen, ob es sich um ein stimm-

haftes oder stimmloses /s/ handelt. Eine Hilfe dafür sind die Bezeichnungen Bienen-s für das stimmhafte und Schlangen-β für das stimmlose sowie das Erspüren der unterschiedlichen Laute bei der Lautbildung (Mundraum und Kehlkopf).

Geschichte

Material: Ole, Paul
Die Kinder sitzen im Halbkreis oder Kinositz vor der Tafel. Auf der Tafel stehen in Rot und Schwarz die neuen Wörter der Woche. Sie sind bereits in die Boote eingetragen. Das Tafelbild ist für die Kinder noch nicht sichtbar.

Ole sitzt und träumt etwas. Paul schleicht sich von hinten an und macht Geräusche wie eine Schlange in Oles Ohr: „Z zzzz ..." Ole erschrickt und schreit: „Hilfe, eine Schlange!" Er guckt sich um. Paul hat sich versteckt. Nach kurzer Zeit ist Ole wieder in seine Gedanken versunken. Wieder schleicht sich Paul von hinten an. Dieses Mal summt er wie eine Biene: „S ssss ..." Ole erschrickt wieder, doch dieses Mal ist er schnell. Er packt Paul am Arm und ruft: „Sag mal, bist du das, der Geräusche wie eine Schlange oder eine Biene in mein Ohr macht?" Paul grinst verlegen: „Ja. Es tut mir leid. Soll ich dir als Wiedergutmachung meinen Lieblingsbuchstaben beibringen?" Ole freut sich und nickt.
Paul sagt: „Mein Lieblingsbuchstabe ist das scharfe <ß>. Guck es dir einmal auf dem Buchstabenboot an. In den „Bärenwörtern" darf nur ich das scharfe <ß> haben." Ole findet das sehr spannend. Er fragt: „Aber wie unterscheidest du zwischen dem scharfen und normalen <s>?" Paul erklärt: „Es gibt einen Trick. Nun leg deinen Finger auf deinen Hals und mache ein Bienen-s: sssss. Alle Kinder können mitmachen. Fühlst du, wie dein Hals zittert? Das nennt man Vibrieren. Das Bienen-s ist das „normale", das stimmhafte <s>."

→ *Alle Kinder probieren das Summen aus.*

Paul fährt fort: „Nun lege den Finger wieder auf deinen Hals und zische wie eine Schlange: zzzzzz. Was beobachtest du?" Ole probiert es aus, dann sagt er: „Mein Hals bleibt ruhig." Paul lobt Ole: „Sehr gut. Du hast nun das scharfe <ß> gefühlt. Ich sage dir ein paar Wörter und du und die Kinder ratet, ob das

<s> ein stimmhaftes Bienen-s oder ein scharfes, stimmloses Schlangen-ß ist:
le-sen, Stra-ße, Ha- se, schlie- ßen."

→ *Die Kinder analysieren mit dem Trick, ob es sich um ein Bienen-s oder ein scharfes Schlangen-ß handelt.*

Paul klappt die Tafel auf: „Hier sind die Wörter der Woche. Alle haben meinen Lieblingsbuchstaben, das scharfe <ß>. Überprüft es gemeinsam."

Wörter der Woche:
Soße, Straße, stoßen, schließen, gießen, schießen

THEMA ▷ Doppellaute

Dazugehörige Buchstaben ▷

Ei	Au	Eu
ei	au	eu

Fachlicher Kommentar

Diphthonge (Doppellaute) sind Mehrgraphen, mit denen spezifische Laute einer Sprache verschriftet werden. Im Deutschen sind dies <au, ei, eu>. Sie verhalten sich wie Vokalbuchstaben. Nur im Zusammenhang mit dem silbeninitialen <h> ergibt sich ein Unterschied zum Vokal. Während das silbeninitiale <h> nach einem Vokal immer gesetzt wird (z. B. sehen), entfällt es in der Regel nach einem Diphthong wie in *Bauer*, *Schleier* und *teuer*. Die Ausnahmen davon sind Merkwörter wie *Reiher*, *Reihe*, *weihen* oder *verzeihen*. Diphthonge kommen vorwiegend in offenen Silben vor (heilen, faule, Eule), können aber auch in geschlossenen stehen (Freunde, Feinde).

Geschichte

Material: Ole, Kapitän; später Max und Paul
Die Kinder sitzen im Halbkreis oder Kinositz vor der Tafel. Auf der Tafel stehen in Rot und Schwarz die neuen Wörter der Woche. Sie sind bereits in die Boote eingetragen. Jedes Wort ist durch ein einzelnes Papier verdeckt. Die Tafel ist zugeklappt.

Ole und der Kapitän sitzen gemütlich zusammen und Ole sagt: „Jetzt weiß ich alles über die Buchstaben, die du trägst: Es sind die Vokale <a, e, i, o, u>. Sie werden lang ausgesprochen, wenn Max nicht dabei ist, und kurz, wenn er dir bei der Arbeit hilft. Nur das lange /i/ bekommt noch ein <e> dazu, weil es so dünn ist und sonst bei Sturm umfällt. Schade, dann kannst du mir gar keine interessanten Geschichten mehr erzählen." Da lacht der Kapitän und antwortet: „Da gibt es schon noch etwas, was du nicht weißt, und das erzähle ich dir jetzt." Das freut Ole und er rückt ganz nah zum Kapitän. Dieser erzählt: „Du weißt ja, dass das <e> dem <i> hilft, damit es nicht umfällt, und dass man das <e> dann gar nicht hören kann. Dafür wollte sich das <i> bedanken und hat vorgeschlagen, dass sie sich auch in umgekehrter Reihenfolge zu einem <ei> zusammentun könnten. Das gefiel dem <e> sehr gut. Und ich finde das auch gut, denn solche Wörter sind doch was Besonderes. Und weißt du, wem das noch besonders gut gefällt, Ole?"
Ole kann sich das aber nicht vorstellen. Er schaut ratlos. Da schlägt der Kapitän vor: „Na, dann schauen wir uns mal die Wörter der Woche an der Tafel an. Die Kinder helfen dir sicher."

→ *Die Wörter werden aufgedeckt und die Kinder entdecken, dass bei den ersten drei Matrose Max nicht dabei ist und bei den letzten drei auch Matrose Paul fehlt.*

„Na, wisst ihr jetzt alle, wer sich beim <ei> freut?", fragt der Kapitän nochmal. Als Ole und die Kinder Max und Paul nennen, kommen die beiden gerade um die Ecke, grinsen und bestätigen: „Gegen einen freien Tag haben wir gar nichts. Es gibt allerdings auch ei-Wörter, bei denen Paul dabei ist, wie beim Wort *Eimer*, oder wir beide dabei sind wie beim Wort *Freunde*. Da machen wir aber gern mit."

Wörter der Woche:
Eier, Eimer, Feier, Kleider, weinen, schreien

Die Geschichte wird zum <au> und <eu> so abgewandelt, dass das <a> vom <ei> gehört und sich das <u> zur Doppelbesetzung gesucht hat. Das <e> und das <u> haben sich dann auch noch zusammengetan, weil sie das so toll fanden. Der Erzählanteil der Kinder soll sich dabei von Mal zu Mal steigern.

Wörter der Woche:
Auge, Mauer, Bauer, sauer, Schauer, Frauen
Euro, Eule, Euter, Beutel, Leute, Beule

Zu Arbeitsheft 2 Teil 3: Silbengelenke

THEMA Verdopplung der Konsonantenbuchstaben

Dazugehörige Buchstaben  nn ll ss

Fachlicher Kommentar

Die Verdopplung von Konsonantenbuchstaben ist eine Sonderform der geschlossenen Silbe. In diesem Fall fungiert der Konsonant im Silbenschnitt als „Silbengelenk", das zur ersten und zweiten Silbe gehört. Da es sich nur um einen Konsonanten handelt, muss der dazugehörige Buchstabe verdoppelt werden wie in Sonne. Bei der Schreibweise *Sone dagegen würde das <o> lang ausgesprochen werden und das <n> zur zweiten Silbe gehören und nicht als Gelenk fungieren. Um die Zusammengehörigkeit zu betonen, wurden die Kästchen zum Eintragen der Buchstaben im Arbeitsheft angepasst: Die Kästchen unter Max und Paul sind fett eingerahmt, der Mittelstrich bleibt dagegen dünn. Es geht in dieser Stunde um ein Kennenlernen dieses Phänomens. Ausführlich wird das Thema erst in Klasse 2 behandelt.

Geschichte

Material: Ole, Kapitän, Ole, Max, Paul, 4 Bilder
Die Kinder sitzen im Halbkreis oder Kinositz vor der Tafel. Auf der Tafel sind drei Bilder zu sehen: eine Sonne, eine Wolke und eine Rose. Das Bild einer Trommel ist verdeckt.

Ole schaut sich die Bilder an und sagt zum Kapitän: „Heute sind auf der Tafel ja Bilder und es stehen keine Wörter dort. Was das wohl zu bedeuten hat? Oh, ich weiß es: In allen drei Wörtern ist ein <o>. Aber das hatten wir doch schon!" „Ja", antwortet der Kapitän, „und trotzdem gibt es noch etwas Neues zu lernen. Jetzt stell ich dir eine Frage: Klingt das /o/ von Sonne so wie in Wolke oder wie in Rose? Die Kinder können dir helfen."

→ Vermutlich rufen die meisten: „Wie in **Wolke**." Wenn auch Kinder „wie in **Rose**" antworten, wird abgeklärt, ob das <o> lang oder kurz ist.

Der Kapitän sagt anschließend: „Wer kann das Wort Sonne denn schreiben?", und ruft ein Kind auf.

→ Wenn das Kind das Wort richtig mit <nn> schreibt, fragt Max: „Warum muss ich hier auch mitarbeiten?" Es wird anschließend geklärt, dass der Kapitän ansonsten ja lang arbeiten müsste.

→ Anschließend wird nach der gleichen Vorgehensweise das Wort **Trommel** erarbeitet.

Max und Paul umarmen sich und rufen: „Wir sind heute Zwillinge!"

Nun wird mit den **Wörtern der Woche** gearbeitet: Tanne, Wolle, Brille, Halle, Tasse, Klasse

THEMA Verdopplung der Konsonanten und besondere Anfangsränder

Dazugehörige Buchstaben

Pf	Qu
pf	qu

Fachlicher Kommentar

<pf> und <qu> sind Mehrgraphen, die aber ihre Besonderheiten haben. Während <pf> am Wortanfang, im Wortinnern und am Wortende vorkommen kann, kommt <qu> im deutschen Wortschatz nur am Wortanfang vor (pfeifen, kämpfen, Tropfen,

Kopf; quaken). <qu> wird /kw/ ausgesprochen, sodass die Schreibung nicht dem alphabetischen Prinzip folgt. Die Mehrgraphen wurden bereits mit den Buchstabengeschichten eingeführt, werden aber im Zusammenhang mit dem Thema „Verdopplung von Konsonantenbuchstaben" nochmals als Anfangsränder vertieft, weil sie eine hohe Fehlerquelle darstellen. Bei den Wörtern der Woche geht es darum, dass die Kinder die Verdopplung der Konsonantenbuchstaben bei Silbengelenken mit neuen Wörtern wiederholen. Dass <pf> zudem in Wörtern wie *Tropfen* und *klopfen* als besonderes Silbengelenk fungiert, wird erst im Zusammenhang mit den besonderen Silbengelenken thematisiert.

Geschichte

> **Material: Ole, Kapitän, Musikantin, Max, Paul**
> Die Kinder sitzen im Halbkreis oder Kinositz vor der Tafel. Auf der Tafel stehen in Rot und Schwarz die neuen Wörter der Woche. Daneben befinden sich die Boote zum Eintragen der Wörter.

„Heute sind ja viele Bären da!", wundert sich Ole. Max und Paul sagen: „Wir sind da, weil wir heute wieder Zwillinge sind! Das gefällt uns. Wir sind gespannt, ob du noch weißt, was das bedeutet!" „Und warum ich da bin, das musst du auch herausfinden", sagt die Musikantin.
Ole wendet sich hilfesuchend an die Kinder und guckt dann zu den Wörtern der Woche.

→ *Das erste Wort **Pfeffer** wird betrachtet und von einem Kind vorgelesen. Anschließend wird es in das Boot eingetragen. Dabei wird auf die Silbengelenkschreibung eingegangen, d. h., dass Max und Paul denselben Buchstaben tragen und dass auch Max dabei sein muss, weil der Kapitän sonst lang arbeiten müsste und das Wort dann anders ausgesprochen würde.*

„Weißt du jetzt wieder, warum wir Zwillinge sind?" fragen Max und Paul Ole nochmals. „Ja, weil ihr denselben Buchstaben tragt", antwortet Ole. Dann wiederholt auch die Musikantin ihre Frage, warum sie heute da ist. Ole und die Kinder finden heraus, dass sie zwei Buchstaben trägt und dass diese wie ein Laut gesprochen werden.

→ *Mit den weiteren pf-Wörtern wird analog verfahren.*

Danach macht die Musikantin richtig viel Quatsch und ärgert die anderen Bären. Ole fragt sie: „Warum machst du denn auf einmal so viel Quatsch?" „Weil du mir sagen sollst, mit welchem Buchstaben das Wort *Quatsch* beginnt", antwortet sie. Ole ist sich nicht sicher und fragt die Kinder. Diese finden heraus, dass das Wort mit dem Laut /kw/ beginnt, aber mit <qu> geschrieben wird. Die Musikantin lobt sie.

→ *Danach werden die qu-Wörter gemeinsam analysiert.*

Wörter der Woche:
Pfeffer, Pfiffe, Pfanne,
Qualle, Quelle, Quitte

THEMA > Besondere Silbengelenke I

Dazugehörige Buchstaben | ck | tz |

Fachlicher Kommentar

> <ck> und <tz> sind besondere Silbengelenke (backen, Katze). In deutschen Wörtern gibt es kein doppeltes <k> bzw. <z> (Lehnwort: Pizza). Stattdessen schreibt man <ck> bzw. <tz>. Dies wurde deshalb eingeführt, weil die Verdopplung von <k> und <z> bei bestimmten Drucktypen schlecht zu lesen ist. Bei der Trennung eines Wortes wurde das <ck> dagegen bis zur letzten Rechtschreibreform wieder in <k-k> umgewandelt.

Geschichte

> **Material: Ole, Kapitän, Max und Paul**
> Die Kinder sitzen im Halbkreis oder Kinositz vor der Tafel. Auf der Tafel stehen in Rot und Schwarz die neuen Wörter der Woche und die noch leeren Boote.

Max und Paul sind heute besonders guter Laune. Ole wundert sich und fragt nach. Sie geben ihm ein Rätsel auf und sagen: „Wir sind heute Zwillinge und doch keine Zwillinge." Das versteht Ole nicht. „Dann zeigen wir dir, wie du es herausfinden kannst", antworten Max und Paul und alle betrachten das erste Wort der Woche: *Decke.*

→ *Ein Kind liest das Wort; ein anderes trägt es in das Boot ein.*

Max ruft: „Siehst du, Paul und ich sind dabei, das <e> vom Kapitän ist also kurz." Ole betrachtet das Wort verwundert und fragt: „Aber müsste dann da nicht eigentlich <kk> stehen?" Jetzt mischt sich Paul ein: „Sehr gut beobachtet. Es gibt im Deutschen jedoch kein doppeltes <k>. Das sieht einfach nicht hübsch aus und ist deshalb schwer zu lesen. Daher schreibt man stattdessen immer <ck>. Lass es uns gemeinsam mit den Kindern an den Wörtern der Woche überprüfen."

→ *Die Kinder überprüfen die <ck>-Schreibung in den* **Wörtern der Woche***:*
Decke, Socken, Schrecken

Paul lobt die Kinder und sagt: „Es gibt noch einen Buchstaben, den man nicht doppelt schreibt. Lass uns die restlichen Wörter der Woche angucken, vielleicht hast du oder die Kinder eine Idee."

Wörter der Woche zu <tz>:
Katze, Hitze, Netze

→ *Die Kinder analysieren die Wörter und finden heraus, dass man statt <zz>, im Deutschen <tz> schreibt.*

Max jubelt: „Das habt ihr fantastisch gemacht. Es gibt aber ein Wort, das kein <tz>, sondern ein <zz> hat. Das ist das Wort *Pizza* und kommt aus der italienischen Sprache. Während die Kinder nun die neuen Wörter üben, backe ich für uns eine Pizza."

THEMA Besondere Silbengelenke II

Dazugehörige Buchstaben → ng | pf | ch | sch

Fachlicher Kommentar

Die Mehrgraphen <ng>, <pf>, <ch> und <sch> dienen dem Zweck, besondere Laute im Deutschen abzubilden, die im lateinischen Alphabet nicht vorgesehen waren. Außer <sch> und <pf> kommen die Mehrgraphen nicht am Wortanfang vor, sieht man von Fremdwörtern mit <ch> am Anfang ab (Christen, China). <sch> und <pf> als Anfangsrand wurden bereits eingeführt, sodass es hier nur um das Wortinnere in den zweisilbigen „Bärenwörtern" geht. Während <ch, sch> und <pf> sowohl als Silbengelenk (Sachen, mischen, klopfen) als auch als Anfangsrand der zweiten Silbe vorkommen (manche, matschen, Karpfen), fungiert <ng> ausschließlich als besonderes Silbengelenk (bringen). <ch> kann zusätzlich nach offenen Silben vorkommen (suchen).

Geschichte

Material: Ole, Kapitän, Max und Paul
Die Kinder sitzen im Halbkreis oder Kinositz vor der Tafel. Auf der Tafel stehen in Rot und Schwarz die neuen Wörter der Woche und die noch leeren Boote.

Max und Paul sind wieder sehr gut gelaunt. Für Ole haben sie ein neues Rätsel: „Wir sind heute wieder Zwillinge und doch keine Zwillinge. Damit du verstehst, was wir meinen, haben wir heute für dich ein Gedicht mitgebracht." Ole ist aufgeregt, er mag Gedichte.
Paul sagt das Gedicht auf:
„Das Sammel-Gedicht
Inge sammelt viele Dinge:
Goldene Ringe, eine Klinge,
dazu eine lange Stange,
eine extragroße Zange
und die Wörter Sang und Klang,
Hang und Gang und bang und lang,
Bengel, Stängel,
Schlingel, Klingel,
singen, klingen, bringen, springen,
Zunge, Junge und auch Lunge.
Aber, wozu macht sie das?
Das Sammeln macht ihr einfach Spaß!"

Max fragt Ole: „Hast du herausgefunden, was Inge sammelt? Das sind auch die Buchstaben, um die es heute geht. Komm, wir gucken uns als Hilfe die neuen Wörter der Woche an."

→ *Die Kinder finden den Laut /ng/ heraus und Max und Paul zeigen am ersten Wort der Woche* **singen***, wie es geschrieben wird. Dann trägt ein Kind das Wort in das Boot ein. Die Kinder können auch herausfinden, dass* **Inge** *in* **singen** *steckt.*

→ *Anschließend wird mit den übrigen Wörtern analog verfahren.*

Wörter der Woche:

singen, fangen, Zunge, Tropfen, klopfen, Apfel

→ *Dasselbe Vorgehen wird auch bei den ch- und sch-Wörtern angewandt. Der Erzählanteil der Kinder soll dabei erhöht werden.*

Wörter der Woche:

lachen, sprechen, machen, Lasche, Fische, Tische

Zu Arbeitsheft 2 Teil 4: Umlautschreibungen

THEMA > Umlaute I

Dazugehörige Buchstaben >

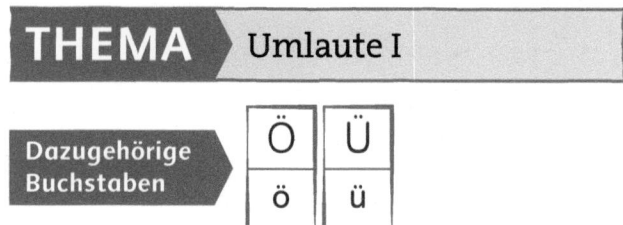

Fachlicher Kommentar

Die Umlautbuchstaben sind ebenfalls Besonderheiten des deutschen Alphabets. Sie gehören entweder zum Wortstamm (hören, Türe) oder zu einer Wortfamilie mit Umlautbildung (Korb/Körbchen, Körbe; Stuhl, Stühle). Bei der Einführung wird dies aber noch nicht thematisiert, sondern erst mit der systematischen Herleitung der Stammschreibung in Klasse 2. <Ö> und <ü> werden zuerst thematisiert, weil sie von der Lautung her eindeutig zuzuordnen sind im Vergleich zu <ä> und <äu>.

Geschichte

Material: Ole, Kapitän
Die Kinder sitzen im Halbkreis oder Kinositz vor der Tafel. Auf der Tafel sind Bilder angebracht: ein Schloss und darunter das identische Schloss noch zweimal. Die neuen Wörter der Woche sind in Rot und Schwarz in die Boote eingetragen. Beim Einsilber sind die Wörter vollständig eingetragen, beim Zweisilber fehlt noch der Silbenkern, also das <ö>.

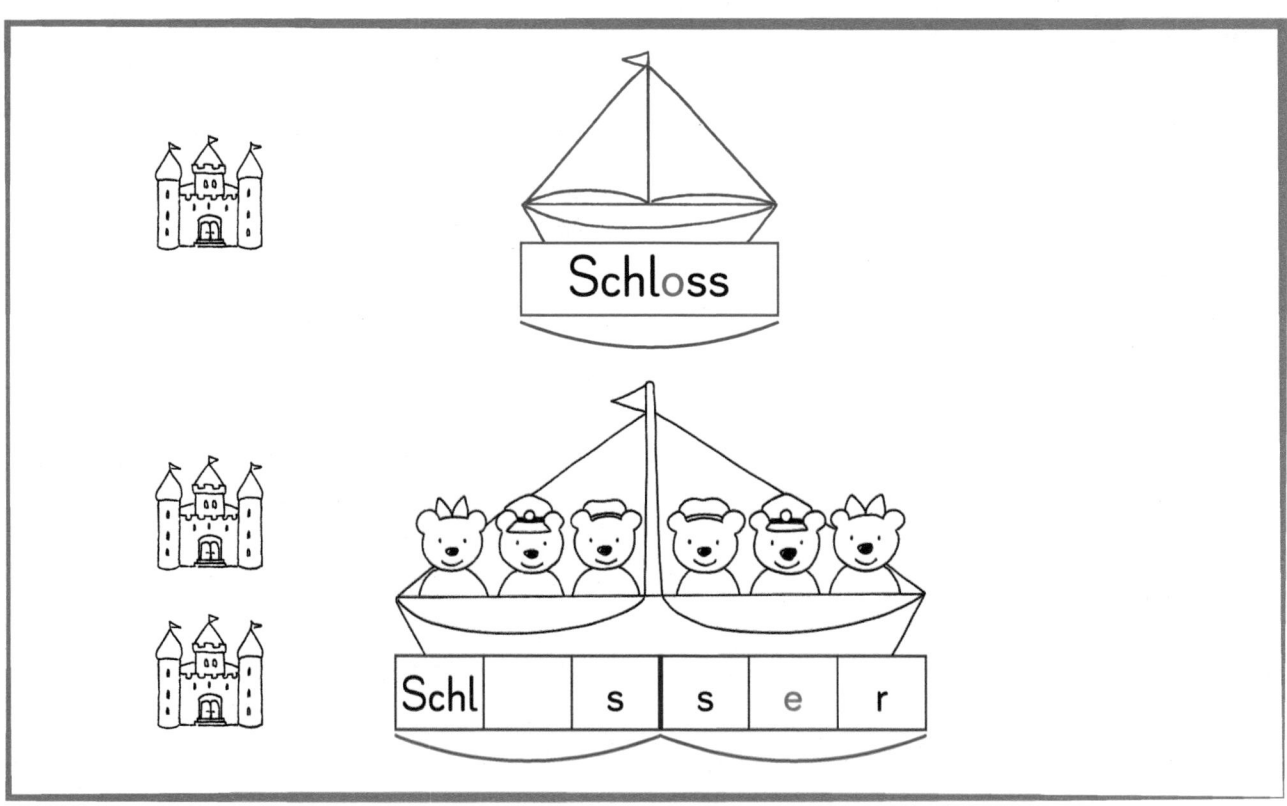

Ole fragt den Kapitän: „Erzählst du mir heute ein Märchen von einer Prinzessin, die in einem Schloss wohnt?" „Na gut, es wird aber ein ganz kurzes Märchen, denn die Bilder sind eigentlich dafür da, dass du etwas herausfinden sollst! Oben siehst du ein Schloss. Darin wohnt eine wunderschöne Prinzessin. Sie ist aber sehr unglücklich, weil sie ihr Schloss nicht verlassen kann, da es ein Drache bewacht. Aber alle Prinzen, die sie befreien wollen, scheitern. Bis eines Tages ein Prinz kommt, der in einem Schloss wohnt, das genauso gebaut ist wie das Schloss der Prinzessin. Der Prinz kennt einen Geheimgang in das Schloss und gelangt in das Zimmer der Prinzessin. Als der Drache das merkt, will er den Prinzen töten. Dieser hat aber einen Zauberstab mitgebracht und macht den Drachen damit ganz zahm. Der Prinz und die Prinzessin heiraten und haben jetzt zwei Schlösser. Der Drache bewacht immer das Schloss, in dem sie gerade wohnen, damit sie ganz sicher sind."

Ole hat interessiert zugehört und fragt: „Was soll ich denn jetzt herausfinden?" „Wie mein Buchstabe in dem Wort *Schlösser* geschrieben wird", sagt der Kapitän.

Ole holt die Kinder zu Hilfe und sie finden gemeinsam die Lösung:

→ *Die Kinder finden heraus, dass beim Wort **Schlösser** der Umlaut geschrieben werden muss, damit man sieht, dass die Wörter **Schloss** und **Schlösser** zusammengehören. Mit den übrigen <ö>- sowie den <ü>- Wörtern wird genauso verfahren.*

Wörter der Woche:
Körbe → Korb, Löcher → Loch, Schlösser → Schloss, schmücken → Schmuck, Kühe → Kuh, Züge → Zug

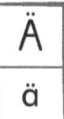

THEMA Umlaute II

Dazugehöriger Buchstabe | Ä / ä

Fachlicher Kommentar

Der Umlautbuchstabe <ä> kann zum Wortstamm gehören (Bär) oder zu einer Wortfamilie mit Umlautbildung (Ball – Bälle). Bei der Einführung wird dies aber noch nicht thematisiert, sondern erst mit der systematischen Herleitung der Stammschrei-

bung in Klasse 2. Hier werden nur Wörter ausgesucht, die ein verwandtes Wort auf <a> haben.

Geschichte

Material: Ole, Kapitän
Die Kinder sitzen im Halbkreis oder Kinositz vor der Tafel. Auf der Tafel sind die neuen Wörter der Woche in Rot und Schwarz in die Boote eingetragen. Hier erfolgt die Herleitung des Umlauts nicht nur vom Einsilber, sondern auch von verwandten Wörtern mit zwei Silben wie z. B. *färben* von *Farbe*. Bei den Wörtern mit <a> sind die Buchstaben vollständig eingetragen, beim Zweisilber fehlt noch der Silbenkern, also das <ä>.

Ole schaut auf die Tafel und sagt zum Kapitän: „Ich weiß, was wir heute machen. Ich soll herausfinden, welchen Buchstaben du trägst! Und ich weiß es schon: Man muss einfach auf das <a> zwei Punkte machen und das spricht man dann /ä/ aus."

→ *Der Kapitän fragt die Kinder, ob das stimmen könnte, und dann bearbeiten die Kinder die Wörter analog zu den <ö>- und <ü>-Wörtern.*

Wörter der Woche:
Gläser → Glas, Gräser → Gras, Dächer → Dach, färben → Farbe, Hände → Hand, Länder → Land

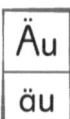

THEMA Doppellaut

Dazugehöriger Buchstabe | Äu / äu

Fachlicher Kommentar

Der mit dem Umlautbuchstaben <ä> gebildete Mehrgraph <äu> kommt nur in Wortfamilien mit dem Silbenkern <au> (Baum – Bäume) vor. Er ist also immer morphologisch abzuleiten. Bei der Einführung wird dies aber noch nicht thematisiert, sondern erst mit der systematischen Herleitung der Stammschreibung in Klasse 2. Hier wird die Herleitung beispielhaft gezeigt und geübt.

Geschichte

Material: Ole, Kapitän

Die Kinder sitzen im Halbkreis oder Kinositz vor der Tafel. Auf der Tafel sind die neuen Wörter der Woche in Rot und Schwarz in die Boote eingetragen. Beim Einsilber sind die Wörter vollständig eingetragen, beim Zweisilber fehlt noch der Silbenkern, also das <äu>.

Ole schaut auf die Tafel und sagt zum Kapitän: „Wir sollen heute wieder herausfinden, welchen Buchstaben du trägst! Auf jeden Fall geht es wieder darum, Punkte einzutragen. Ich weiß aber nicht genau, auf welchen der beiden Vokale oder vielleicht auch auf beide." Der Kapitän antwortet: „Da können dir die Kinder bestimmt helfen, denn das ist ihnen beim Lesen sicher schon aufgefallen."

→ *Die Kinder finden heraus, dass die Punkte auf das <a> gehören. Anschließend wird analog zu den <ä>-Wörtern verfahren.*

Wörter der Woche:
Mäuse → Maus, Häuser → Haus, Läuse → Laus, Bäume → Baum, Träume → Traum, Räume → Raum

Zu Arbeitsheft 2 Teil 5: Ausnahmen und Merkwörter

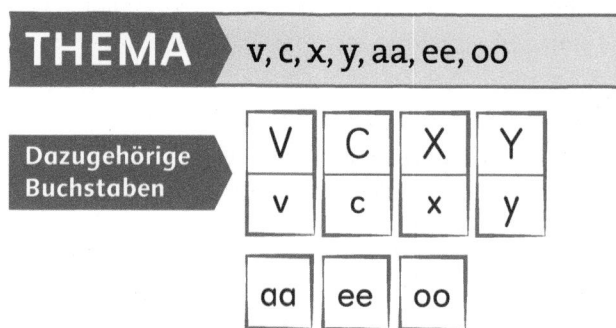

THEMA v, c, x, y, aa, ee, oo

Dazugehörige Buchstaben

V C X Y
v c x y

aa ee oo

Geschichte

Zu diesen Geschichten gibt es daher nur Buchstabengeschichten und **keine** Themengeschichten. Die Merkstellen der Merkwörter werden im Arbeitsheft gelb markiert.

Fachlicher Kommentar

All diese Buchstaben gehören zum Randbereich des Alphabets, da sie entweder keine eindeutige Lautzuordnung haben (Vase, viel), nur in Fremdwörtern vorkommen (Computer, Xylophon) oder in wenigen Fällen zur Längenmarkierung dienen (Aal, See, Moor). Optional können auch Buchstaben thematisiert werden, die zur optischen Unterscheidung von gleichklingenden Wörtern (Laib Brot – Leib) dienen bzw. seltene Silbenkerne bilden (Mai, Hai).

8. Buchstabenstationen

8.1 Anleitungen zu den Stationen

Tafel-Station **Anleitung:** Der neue Buchstabe wird als Groß- und Kleinbuchstabe an die Tafel geschrieben. Die Kinder spuren ihn nach. Es ist auch möglich, den Buchstaben selbstständig an die Tafel zu schreiben.	**Material:** Kreide (verschiedene Farben), Tafel
Sand-Station **Anleitung:** Der neue Buchstabe wird von den Kindern in den Sand geschrieben. Es ist hilfreich, wenn neben der Station der Buchstabe auf einem Zettel liegt, dann können die Kinder abgucken.	**Material:** Box mit Vogelsand, Zettel mit dem neuen Buchstaben
Knet-Station **Anleitung:** Der neue Buchstabe wird von den Kindern geknetet. Auch hier ist es hilfreich, wenn neben der Station ein Zettel mit dem Buchstaben als Vorlage liegt.	**Material:** Knete, Unterlage, Zettel mit dem neuen Buchstaben
Seil-Station **Anleitung:** Die Kinder legen den neuen Buchstaben mit einem Seil nach, ziehen ihre Schuhe aus und gehen ihn ab.	**Material:** Seil (möglichst zwei)
Wachsmaler-Station **Anleitung:** Die Kinder schreiben den Buchstaben mehrmals mit Wachsmalern auf ein Blatt Papier.	**Material:** Wachsmaler, weißes Blankopapier
Heft-Station **Anleitung:** Die Kinder schreiben den neuen Buchstaben in der entsprechenden Farbe in ihr Arbeitsheft („Der neue Buchstabe").	**Material:** Entdecke die Schrift, Arbeitsheft
Fühl-Station **Anleitung:** Mehrere Buchstaben aus Holz oder anderen Materialien werden in einen Sack gelegt. Die Kinder müssen den neuen Buchstaben erfühlen und dann zur Kontrolle aus dem Sack ziehen.	**Material:** Fühlsäckchen, Buchstaben zum Fühlen
Smartboard-Station **Anleitung:** Der neue Buchstabe wird in der entsprechenden Farbe als Groß- und Kleinbuchstabe an das Smartboard geschrieben oder getippt.	**Material:** Smartboard
Druck-Station **Anleitung:** Die Kinder bedrucken ein Papier mit dem neuen Buchstaben in der entsprechenden Farbe.	**Material:** Druckstöcke mit Buchstaben/Stempel, Farbe/Stempelkissen in Rot und Schwarz, Papier

8.2 Bildkarten zu den Stationen

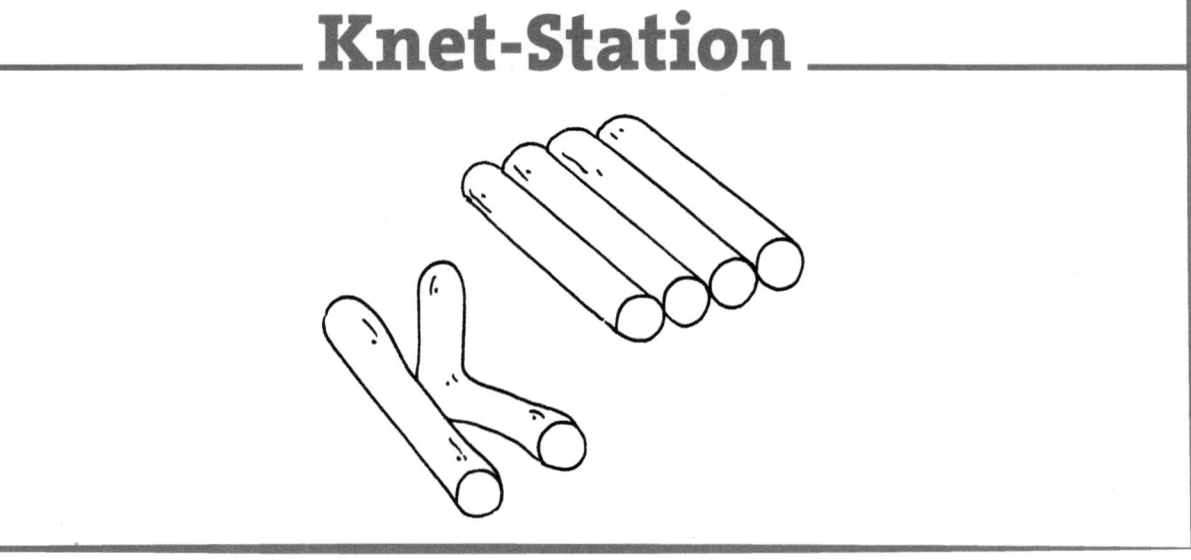

Seil-Station

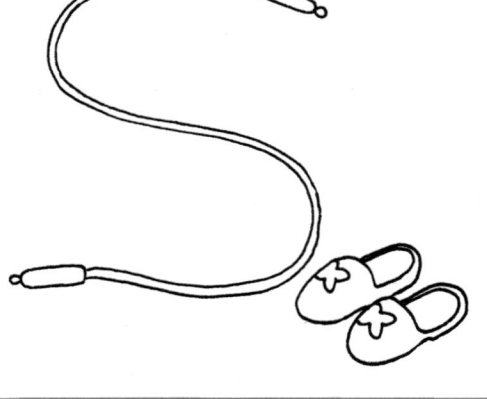

Wachsmaler-Station

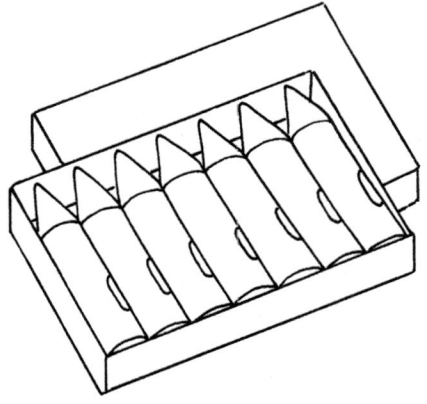

Heft-Station

Fühl-Station

Smartboard-Station

Druck-Station

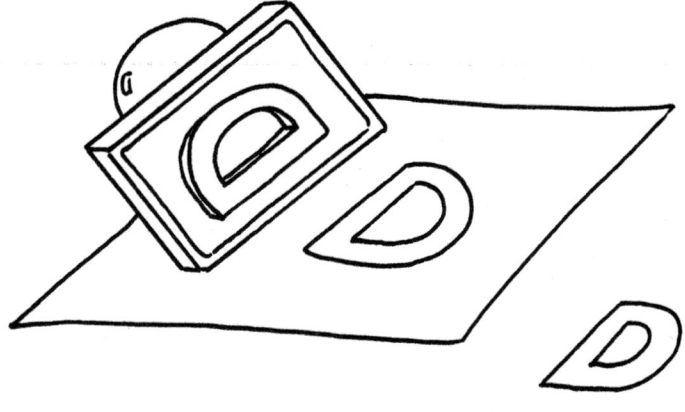

8.3 Stationenkarten

Diese Karten werden fest in der Klasse platziert. Welche Station jeweils zu bearbeiten ist, entscheidet die Lehrkraft, indem sie die entsprechende Bildkarte dazulegt (vgl. Punkt 8.2).

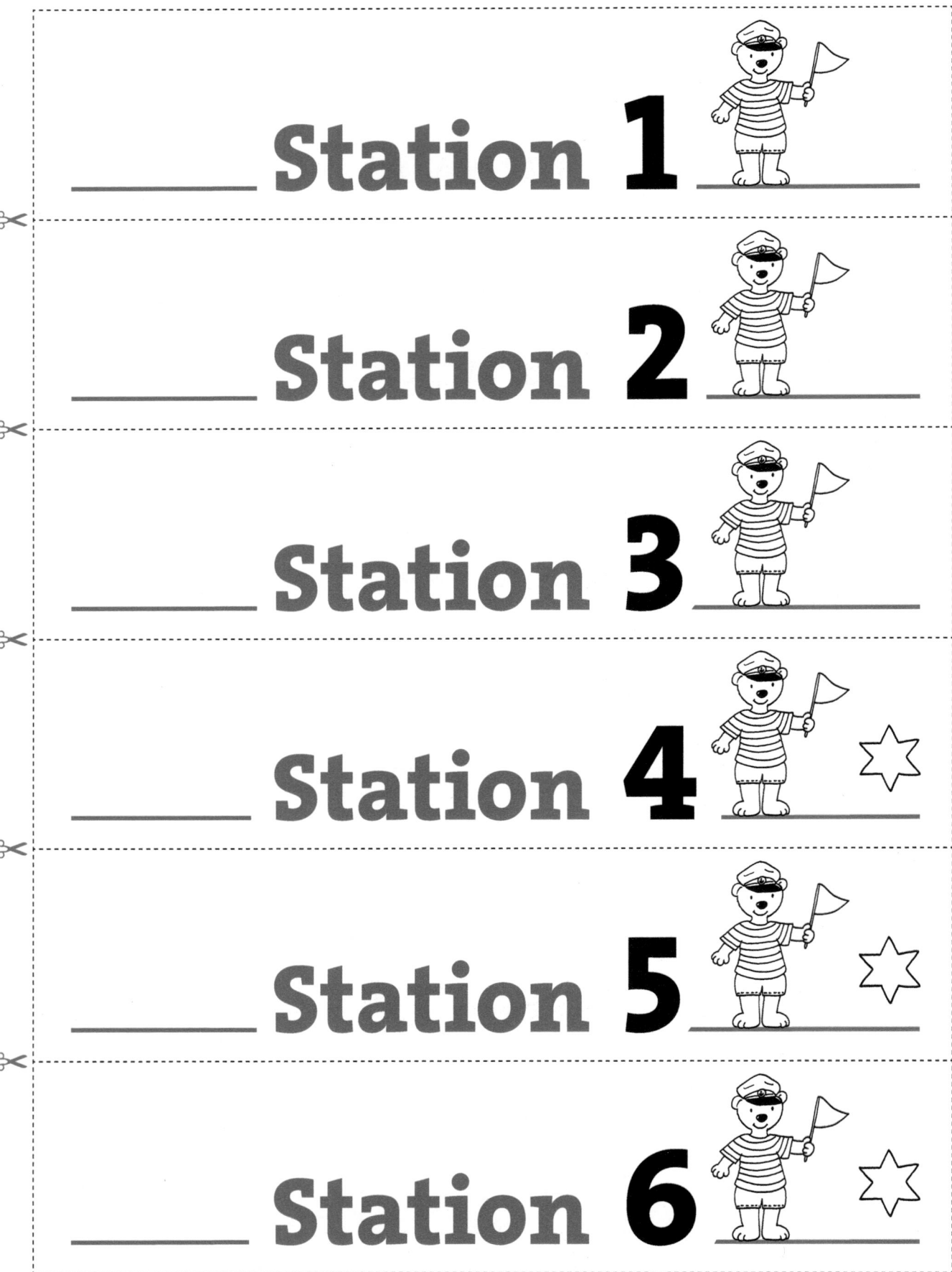

8.4 Arbeitspass für die Stationen

Arbeitspass für die Buchstabenstationen

Name: _____

Aufgabe	erledigt
_____ Station **1** ___	
_____ Station **2** ___	
_____ Station **3** ___	
☆ _____ Station **4** ___	
☆ _____ Station **5** ___	
☆ _____ Station **6** ___	

Literaturverzeichnis

Artelt, C./Stanat, P./Schneider, W./Schiefele, U. (2001): Lesekompetenz: Testkonzeption und Ergebnisse. In: J. Baumert, E. Klieme, M. Neubrand, M. Prenzel, U. Schiefele, W. Schneider, P. Stanat, K.-J. Tillmann, M. Weiß (Hrsg.). PISA 2000: Basiskompetenzen von Schülerinnen und Schülern im internationalen Vergleich, S. 69–137. Opladen: Leske + Budrich.

Baumert, J./Maaz, K. (2006). Das theoretische und methodische Konzept von PISA zur Erfassung sozialer und kultureller Ressourcen der Herkunftsfamilie: Internationale und nationale Rahmenkonzeption. In: J. Baumert, P. Stanat & R. Watermann (Hrsg.). Herkunftsbedingte Disparitäten im Bildungswesen. Vertiefende Analysen im Rahmen von PISA 2000, S. 11–30. Wiesbaden: VS Verlag für Sozialwissenschaften.

Bos, W./Lankes, E.-M./Prenzel, M./Schwippert, K./ Walther, G./Valtin, R. (Hrsg.) (2003). Erste Ergebnisse aus IGLU. Schülerleistungen am Ende der vierten Jahrgangsstufe im internationalen Vergleich. Münster: Waxmann.

Bos, W./Valtin, R./Voss, A./Hornberg, S./Lankes, E.-M. (2007). Konzepte der Lesekompetenz in IGLU 2006. In: W. Bos, S. Hornberg, K.-H. Arnold, G. Faust, L. Fried, E.-M. Lankes, K. Schwippert & R. Valtin (Hrsg.). IGLU 2006. Lesekompetenzen von Grundschulkindern in Deutschland im internationalen Vergleich, S. 81–107. Münster: Waxmann.

Blatt, I. (2010). Sprachsystematische Rechtschreibdidaktik: Konzept, Materialien, Tests. In: U. Bredel, A. Müller & G. Hinney (Eds.). Schriftkompetenz und Schriftsystem: linguistisch, empirisch, didaktisch. Berlin, New York: Walter de Gruyter, p. 101–132.

Blatt, I./Müller, A./Voss, A. (2010). Schriftstruktur als Lesehilfe. Konzeption und Ergebnisse eines Hamburger Leseförderprojekts in Klasse 5 (HeLp). In: U. Bredel, A. Müller & G. Hinney (Eds.). Schriftkompetenz und Schriftsystem: linguistisch, empirisch, didaktisch: Berlin, New York: Walter de Gruyter, p. 171–202.

Blatt, I./Pagel, B. (2009). Die interaktive Tafel als Medium im sprachlichen Anfangsunterricht. *Grundschulunterricht*, *2009* (1), 25–29.

Blatt, I./Voss, A. & Matthießen, I. (2005). Kinder schreiben Briefe aus der Zukunft. Qualitative Analysen von Kindertexten und fachdidaktische Diskussion. In: W. Bos, E.-M. Lankes, M. Prenzel, K. Schwippert, R. Valtin & G. Walther (Hrsg.). IGLU. Vertiefende Analysen zu Leseverständnis, Rahmenbedingungen und Zusatzstudien, S. 109–157. Münster: Waxmann.

Eisenberg, Peter: Das Wort. Grundriss der deutschen Grammatik, Bd. 1. Metzler Verlag, Stuttgart, 3. durchges. Auflage 2006, S. 34. Zitiert nach: Jean Aitchison: Wörter im Kopf. Eine Einführung in das mentale Lexikon. Übersetzt von Martina Wiese. Niemeyer Verlag, Tübingen 1997.

Eisenberg, P./Fuhrhop, N. (2007). Schulorthographie und Graphematik. *Zeitschrift für Sprachwissenschaft*, *26*, 15–41.

Europäische Union (Hrsg.) (1999). Lesenlernen in der Europäischen Union. Luxemburg: Europäische Gemeinschaften, S. 47–56 (zitiert als EU 1999).

Goy, M./Bos, W./Strietholt, R. (2009). Reading Engagement of Fourth-grade Students. Results from PIRLS 2006 for Students from Different Socio-economic Backgrounds. Vortrag auf der ECER in Wien.

Groeben, N./Hurrelmann, B. (Hrsg.) (2002). Lesekompetenz. Bedingungen, Dimensionen, Funktionen. Weinheim und München: Juventa.

Hein, C. (2015): Untersuchung von Unterrichtsbedingungen zu Erwerb und Entwicklung der Schriftkompetenz. Ergebnisse einer Interventionsstudie mit Kontrollklassen an einer Hamburger Grundschule von Klasse 1 bis 3. Berlin Logos Verlag.

Hinney, Gabriele (2004). Das Ganze ist mehr als die Summe der Teile. Das Konzept der Schreibsilbe und seine didaktische Modellierung. Ein Beitrag zur Schriftaneignung als Problemlösungsprozess. In: U. Bredel, G. Siebert-Ott & T. Thelen (Hg.). Schriftspracherwerb und Orthographie. Baltmannsweiler: Schneider Verlag Hohengehren. S. 72 ff.

Hurrelmann, B. (2004). Informelle Sozialisationsinstanz Familie. In: Groeben, N./Hurrelmann, B. (Hrsg.). Lesesozialisation in der Mediengesellschaft. Weinheim und München: Juventa Verlag. S. 169–201.

Löffler, I./Meyer-Schepers, U. (2005). Orthographische Kompetenzen: Ergebnisse qualitativer Fehleranalysen, insbesondere bei schwachen Rechtschreibern. In: W. Bos, E.-M. Lankes, M. Prenzel, K. Schwippert, R. Valtin & G. Walther (Hrsg.), IGLU. Vertiefende Analysen zu Leseverständnis, Rahmenbedingungen und Zusatzstudien, S. 81–108. Münster: Waxmann.

Manguel, A.: Eine Geschichte des Lesens. © 2005 Random House Mondadori, S.A., Barcelona. Aus dem Englischen von Chris Hirte. © S. Fischer Verlag GmbH, Frankfurt am Main 2008.

Pagel, B./Hinney, G. (2007). Rechtschreibkompetenz und Sprachbewusstheit. Ein Unterrichtsprojekt zum forschenden Lernen. *Grundschulunterricht*, *9* (2007), 12–24.

Sekretariat der Ständigen Konferenz der Kultusminister der Länder in der Bundesrepublik Deutschland, KMK (Hrsg.) (2005). Bildungsstandards im Fach Deutsch für den Primarbereich.